ABC

**Manuel de pratiques vertueuses
pour penser et construire les écoles du futur**

**Le Penhuel & Associés architectes
Foreword Philippe Meirieu / Interviews Alice Dubet
Illustrations Quentin Vijoux**

PARK BOOKS

(RÉ)INVENTER LA « MAISON D'ÉCOLE »
PHILIPPE MEIRIEU

Contrairement à ce que l'on croit souvent, ce n'est pas Jules Ferry mais François Guizot qui a dicté les principes d'organisation et de fonctionnement de notre École. Certes, Jules Ferry a fait voter, en 1882 et 1883, des lois fondatrices qui arriment notre École au projet républicain en instituant l'instruction obligatoire ainsi que la gratuité et la laïcité de l'école publique, mais c'est bien François Guizot — adversaire résolu de la République et du suffrage universel — qui avait auparavant posé les bases d'un système dont nous sommes aujourd'hui les héritiers. En effet, c'est dans la loi de 1832, sous la monarchie de Juillet et alors que Guizot est ministre de l'Instruction publique, qu'on trouve, pour la première fois, l'obligation pour les communes de plus de 500 habitants d'ouvrir une école primaire — au moins pour les garçons — mais aussi la création d'une École normale dans chaque département afin d'assurer la même formation à tous les instituteurs ainsi que la mise en place de corps d'inspection chargés de vérifier que les enseignants appliquent bien les instructions du «bulletin officiel» nouvellement créé.

Mieux encore, c'est Guizot qui va trancher la «querelle des modèles» et imposer à la France une «forme scolaire» qu'elle ne manquera pas d'exporter largement grâce à ses conquêtes coloniales. De quoi s'agit-il? En ce début du XIXe siècle, l'école française n'a pas vraiment d'unité. Ainsi, alors que le préceptorat est assez largement répandu chez les aristocrates et les grands bourgeois, il subsiste encore, ici ou là pour les enfants du peuple, quelques reliquats du modèle moyenâgeux: des maîtres assurent, le plus souvent dans d'anciens locaux agricoles ou artisanaux, des sortes de permanences pour enseigner quelques savoirs élémentaires, en faisant venir les élèves chacun à leur tour près d'eux; ici, pas vraiment de classe, seulement, parfois, quelques regroupements essentiellement constitués en fonction des «écolages» versés par les parents.

Mais chacun voit bien que ce modèle est condamné à très court terme, tant il est injuste et inefficace à la fois.

En revanche, deux autres modèles sont apparus et ont le vent en poupe : le *modèle mutuel* et le *modèle simultané*.

On doit le *modèle simultané* à Jean-Baptiste de La Salle qui, à la fin du XVIIe siècle, fonde les Frères des écoles chrétiennes. Soucieux de donner une instruction gratuite aux enfants qui ne peuvent accéder aux écoles jésuites, alors très chères, il recrute des maîtres qui doivent consacrer leur vie à Dieu en instruisant les enfants pauvres. Avec eux, il ouvre des écoles obéissant à trois principes fondamentaux et solidaires : l'instruction n'y est plus donnée en latin mais en français ; la leçon n'est plus faite individuellement mais devant une classe ; les classes doivent être constituées d'élèves capables de recevoir le même enseignement simultanément. Ainsi commence-t-on à structurer les écoles en différentes unités d'enfants d'âge et de niveau relativement homogènes : ce sont, d'abord, des écoles de trois classes, puis, à la demande des maîtres qui souhaitent toujours plus d'homogénéité, on s'efforce de faire coïncider les classes avec les années de naissance.

Avec l'illusion rétrospective qui nous caractérise souvent, on pourrait croire que ce modèle s'est facilement imposé tant il nous apparaît aujourd'hui « aller de soi ». Il n'en est rien. Car, à côté du modèle simultané, un autre modèle était apparu : le *modèle mutuel*. L'Écossais Andrew Bell et l'Anglais Joseph Lancaster l'avaient introduit à la fin du XVIIIe siècle. Bell expliquera en avoir trouvé l'idée lors d'une mission en Inde, Lancaster dira qu'il s'agit de mettre en œuvre à l'école la doctrine de l'entraide promue par les Quakers. Dans les écoles mutuelles, les élèves sont regroupés en de vastes ensembles pouvant dépasser la centaine d'enfants et organisés, pour chaque apprentissage (la lecture, l'écriture, l'arithmétique, la géographie, etc.), en huit « rangs », allant des élèves les plus avancés, quel que soit leur âge, aux débutants. Le maître n'enseigne qu'au premier rang et ce sont ces élèves du premier rang qui enseignent ensuite à ceux du second, les élèves du second qui enseignent à ceux du troisième, etc. Afin d'éviter le désordre, tout cela est très ritualisé et s'effectue dans d'immenses salles comportant un mobilier scolaire adapté (des petites et grandes estrades, de longues tables de tailles différentes), avec tout un matériel à disposition (ardoises, bouliers, panneaux d'affichage, signalétique sophistiquée…) et des plans de circulation que les élèves doivent respecter.

Adapté en Suisse par Grégoire Girard et en France par Charles Démia, le modèle mutuel reste minoritaire mais est soutenu par une partie significative des intellectuels de l'époque — des libertaires, des protestants, des militants « mutualistes » — qui y voient une manière d'introduire dès l'école une forme d'entraide réciproque susceptible de contribuer à la préparation d'une société plus solidaire. Mais Guizot, qui veut faire de l'école un des outils majeurs du « gouvernement des esprits », s'y oppose de toutes ses forces et impose le modèle simultané, seul capable, à ses yeux, de contenir les velléités subversives du peuple en formant les petits Français à la nécessaire obéissance aux « maîtres » de toute sorte.

Et Guizot va réussir au-delà de toute espérance. Au point que le modèle simultané est sans doute l'innovation pédagogique dont le succès a été, et reste encore, le plus éclatant. N'entend-on pas dire à chaque rentrée que l'essentiel est qu'il y ait « un enseignant devant chaque classe » ? Le monde entier, en effet, semble persuadé aujourd'hui qu'un dieu tout-puissant aurait dicté, un jour, à un Moïse scolaire des tables de loi imposant que, « dorénavant et pour l'éternité, toute école sera organisée en groupes de vingt à quarante individus, du même âge et supposés du même niveau, alignés les uns derrière les autres, qui font la même chose en même temps sous l'autorité d'un enseignant ». Résultat : on n'organise pas nos écoles en fonction de ce que nos élèves doivent apprendre et de la manière dont ils peuvent l'apprendre ; on les contraint à s'inscrire dans une « forme » parallélépipédique, à s'y aligner en rangs, en rangées, en « classes » — le mot a été importé de la botanique et de la zoologie —, et l'on sacrifie ainsi bien des objectifs d'apprentissage, qu'ils relèvent des *savoirs fondamentaux* — lire, écrire, compter… mais aussi s'exprimer oralement et par son corps, chercher et enquêter, analyser et créer —, des *savoirs citoyens* — s'entraider, coopérer, débattre, décider ensemble du bien commun — ou des grands *enjeux culturels* — découvrir et s'approprier les œuvres grâce auxquelles les humains, tout au long de leur histoire, sont parvenus à s'émanciper.

Oubliée la tradition des compagnons du Moyen Âge pour qui le travail de la main permettait de fixer l'attention, de dialoguer avec la matière qui résiste afin d'en comprendre les lois et de se dépasser jusqu'à l'accomplissement d'un chef-d'œuvre… alors que tant d'élèves aujourd'hui peinent à intérioriser l'exigence de précision, de justesse et de vérité. Oubliées les vertus de l'entraide et de l'échange des savoirs promus par l'école mutuelle… alors que la recherche a mis en évidence ses immenses bénéfices cognitifs et socio-affectifs, aussi bien — et parfois même plus — pour celui qui aide que pour celui qui est aidé. Oublié l'extraordinaire privilège que constituait, pour les enfants africains, la possibilité d'aller deviser librement avec les anciens sous l'arbre à palabres… alors que nous savons maintenant l'importance de la transmission intergénérationnelle dont la fonction est, tout à la fois, apaisante et structurante. Oublié le rituel du « vol des connaissances » que pratiquaient jadis les habitants du Népal en plaçant des gardiens effrayants autour des assemblées d'adultes pour faire mine d'effrayer les enfants mais pour leur donner envie, en réalité, d'accéder à des savoirs cachés… alors que nous voyons autour de nous à quel point le trop-plein et l'accessibilité immédiate tuent le désir d'apprendre. Oubliées les classes de plein air, au Bhoutan et ailleurs, où les élèves délimitaient eux-mêmes leur espace de travail, construisaient leur bureau et cherchaient dans la nature les matériaux nécessaires à leur travail… alors que tant d'enfants aujourd'hui ignorent tout du monde naturel et sont tellement prisonniers de la virtualité qu'ils imaginent volontiers que c'est en criant sur les tomates qu'on les fait pousser plus vite !

Alors, bien sûr, il n'est pas question de revenir à ces modèles anciens, articulés à des contextes sociétaux et culturels spécifiques, mais pourquoi en ignorer les leçons et rester figés dans une forme scolaire parallélépipédique elle-même imposée à un moment donné de notre histoire et, de toute évidence, largement obsolète aujourd'hui ? Les pédagogues, d'ailleurs, n'ont cessé d'en dénoncer le caractère arbitraire. Ainsi déjà Johann Heinrich Pestalozzi, appelé auprès des orphelins abandonnés de Stans en 1792, renonça-t-il à organiser son enseignement en classes : sur une gravure de l'époque, on le voit discuter avec trois jeunes filles d'âges différents d'une planche d'architecture, tandis qu'à ses pieds une élève enseigne la lecture à de plus petits qu'elle et qu'à côté des enfants lisent pendant que d'autres jouent. Nul rang ici : « À quoi bon assujettir les corps, dit Pestalozzi, quand, de toute façon, les esprits vagabonderont ? » Il vaut mieux distribuer des tâches qui mobilisent les élèves plutôt que de les assigner à une obéissance formelle… Et, en 1921, le pédagogue genevois Édouard Claparède écrira, dans la mouvance de l'Éducation nouvelle née après la boucherie de la Première Guerre mondiale, avec la volonté de préparer par l'éducation un monde de paix, un ouvrage décisif dont nous n'avons toujours pas tiré les leçons, *L'École sur mesure*. Il y affirme : « Lorsqu'un tailleur fait un vêtement, il l'ajuste à la taille de son client et, si celui-ci est gros ou petit, il ne lui impose pas un costume trop étroit sous prétexte que c'est la largeur correspondant en principe à sa hauteur. Au contraire, l'école habille, chausse, coiffe tous les esprits de la même façon. Elle n'a que du tout-fait et ses rayons ne contiennent pas le moindre choix. Pourquoi n'a-t-on pas pour l'esprit les égards dont on entoure le corps, la tête, les pieds ? »… Pour autant, Claparède ne rêvait pas de mettre chaque élève devant une machine qui lui proposerait, tout au long de ses études, un enseignement strictement individualisé, parfaitement adapté à son « profil personnel » et lui permettant de réussir à coup sûr.

Car il savait que l'école n'est pas seulement faite pour *apprendre* mais pour *apprendre ensemble*, les uns avec les autres et les uns des autres.

C'est avec ce principe, d'ailleurs, que Célestin et Élise Freinet entreprennent de construire leur école à Vence en 1934 : sur un terrain boisé pour permettre aux enfants d'être en permanence au contact de la nature, ils bâtissent une maison en respectant le dénivelé, jusqu'à faire des marches d'escalier irrégulières « de manière à ce que l'enfant les monte non machinalement, mais en conscience ». On trouve là un théâtre de plein air, une piscine, un potager et un verger, mais aussi une terrasse solarium et des salles de travail de tailles et de formes différentes : un atelier pour l'imprimerie, un pour le modelage et un autre pour le dessin, des classes modulables où les enfants peuvent faire des « petites conférences », regarder des films, réaliser des expériences scientifiques ou bien travailler individuellement, un espace circulaire pour « le conseil », la « table ronde », où l'on n'entre qu'en ayant déposé sa « lance » — son agressivité et sa violence — à l'entrée afin de débattre sereinement du bien commun. La cantine, elle, ouvre sur la cuisine où les enfants sont mis à contribution comme pour la décoration et l'entretien de l'école, qui devient ainsi complètement « leur maison ».

Mais, quoique souvent cités, les pédagogues sont finalement peu écoutés. Et l'école de Vence restera, avec les écoles installées par Le Corbusier au dernier étage de ses Cités radieuses, d'heureuses exceptions... tandis que fleuriront partout en France les « établissements Pailleron ». Certes, « l'explosion scolaire » due au boom démographique des années 1950 a contraint l'État à construire vite et à l'économie... et il n'est pas certain que les architectes d'alors aient eu beaucoup de marge de manœuvre. Fort heureusement, nous n'en sommes plus là et, si la dévolution des bâtiments scolaires aux collectivités territoriales a engendré des inégalités qu'il faudra absolument réduire, elle a permis néanmoins de libérer l'initiative et de renverser radicalement l'équation : on demande un peu moins aux élèves et à leurs professeurs de s'adapter à une forme scolaire normalisée, et l'on s'efforce de penser un peu plus la « maison d'école » pour qu'elle permette d'y vivre et d'y apprendre le mieux possible.

Heureux renversement dont le présent ouvrage témoigne remarquablement. On y parle, en effet, d'espaces différenciés, de classes ateliers mais aussi de rues ouvertes, de bibliothèques en libre accès et de terrains de jeux. On y voit apparaître des rotondes, des alcôves, des hameaux et des parvis. On y ouvre des brèches et on y crée des coins. On augmente la classe et on socialise le couloir. On décloisonne les espaces et on crée des continuités entre l'intérieur et l'extérieur. On repense les ouvertures pour que l'école ne soit ni totalement transparente ni complètement aveugle, mais qu'elle soit, tout à la fois, ouverte sur le monde et centrée sur le travail scolaire… Car les propositions architecturales qui sont faites ici ne relèvent pas de caprices de concepteurs ingénieux voulant absolument laisser leur marque, elles sont pensées, conçues et mises en œuvre pour favoriser le projet même de notre École : apprendre à penser et à faire société, acquérir des connaissances et grandir en humanité.

C'est que les architectes qui s'expriment ici savent que « les pierres parlent » et que la structure et l'aménagement d'un lieu déterminent largement ce qui s'y passe. L'enfant ne se comporte pas de la même manière dans sa chambre et dans un théâtre, dans un train et dans un stade, dans une bibliothèque et dans une boîte de nuit. C'est pourquoi il est fondamental qu'il entre dans une école où il se sait accueilli et en sécurité, où les murs eux-mêmes témoignent de l'importance de cette culture qu'on cherche à lui faire aimer, où les rangements incarnent le souci de précision qu'on exige de lui dans ses travaux écrits, où il peut parler sereinement avec ses pairs dans des espaces dédiés, voir ce qui se passe dans la cuisine et aller aux toilettes sans se sentir humilié.

Il est essentiel que l'école tout entière, dans tous ses espaces et ses moindres détails, témoigne des exigences qu'elle cherche à transmettre. Faute de quoi les élèves ne l'habiteront pas et continueront à se dire que « la vraie vie est ailleurs ».

INTRODUCTION
LE PENHUEL & ASSOCIÉS

Comment concevoir des espaces permettant d'enseigner différemment ? Comment l'architecture peut-elle accompagner, et même suggérer, les pratiques éducatives innovantes ? Avec près de trente ans d'expérience de conception des lieux d'enseignement, de la crèche au lycée en passant par les écoles primaires et les collèges, notre agence Le Penhuel & Associés a acquis un savoir-faire précieux en la matière. À travers le partage de solutions concrètes, de réflexions sur l'évolution de la demande des maîtres d'ouvrage, nous souhaitons participer à la mutation profonde et durable de l'ensemble des espaces dédiés à la pédagogie.

    Les problématiques environnementales et énergétiques ont transformé nos pratiques. Nous sommes aujourd'hui convaincus qu'elles sont aussi l'occasion de remettre en question nos manières de faire l'école. Comment, en inscrivant le projet architectural dans une logique responsable, peut-on, à budget égal, offrir davantage d'inventivité spatiale à nos enfants ?

    C'est bien dans cette frugalité heureuse que doit se trouver l'intelligence de notre profession. Il nous faut être économiquement efficaces en créant des espaces modulables permettant des appropriations diverses, en questionnant notre relation au confort, à la sécurité et, plus largement, notre relation au dehors. Nous sommes convaincus que le contact maîtrisé des élèves avec les éléments — la lumière, la végétation, le vent, la pluie, le chaud, le froid — a une importance capitale pour leur développement. Ces principes peuvent être mis en pratique progressivement lorsque la maîtrise d'ouvrage a des ambitions pédagogiques, ou plus simplement en insufflant à un programme assez classique quelques améliorations ponctuelles… C'est en sortant de la standardisation qu'il est à nouveau possible d'innover. À nous d'être force de proposition, bien au-delà des certifications, pour inventer l'école vertueuse du futur.

Grâce à la généralisation des exigences environnementales portée aujourd'hui par tous les maîtres d'ouvrage, il nous faut très tôt mettre en place une réflexion globale et collective. Construire en bois, en pierre ou en terre crue nécessite d'impliquer tous les acteurs du projet dès le stade du concours pour intégrer la logique structurelle de chaque matériau. Le plaisir de concevoir et de construire durable doit aussi se retrouver dans la conception des espaces d'enseignement, afin de faire évoluer la société à travers la pédagogie.

Dans l'ensemble de nos projets, nous attachons une importance primordiale à la qualité de la lumière naturelle, à la juste proportion des volumes intérieurs et extérieurs, mais aussi aux textures et aux matériaux, afin d'inciter les usagers à profiter au mieux des espaces que nous avons conçus pour eux.

Lorsqu'on imagine des pratiques nouvelles, il faut prendre le temps de les expliciter en amont, même si in fine l'utilisation des lieux nous échappe. Dans l'idéal, dès la programmation, la concertation avec les futurs usagers fait émerger des besoins, des envies, permettant d'ajuster le projet pour, à la livraison, garantir la pleine appropriation des lieux par l'équipe pédagogique. En tant qu'architecte, c'est bien à travers la qualité des espaces conçus que l'on contribue à l'évolution des pratiques pédagogiques, pour (ré)inventer durablement la « maison d'école ».

**A   AUGMENTER
     LA CLASSE
        P. 23**

**B   BOULEVERSER
     LA BIBLIOTHÈQUE
          P. 39**

**C   CONTER
         P. 49**

**D   DÉCLOISONNER
         LE HALL
          P. 51**

**E   ÉCOUTER
          P. 61**

**F   FABRIQUER
          P. 63**

**G   GRIFFONNER
          P. 65**

H **HYBRIDER LA COUR**
P. 67

I **IMAGINER**
P. 81

J **JOUER**
P. 83

K **KLAXONNER**
P. 85

L **LÉZARDER**
P. 87

M **MUTUALISER LE PRÉAU**
P. 89

N **NAVIGUER**
P. 97

O	**OUVRIR LA CANTINE** P. 99
P	**PARTAGER** P. 109
Q	**QUESTIONNER** P. 111
R	**RÊVER** P. 113
S	**SOCIALISER LE COULOIR** P. 115
T	**TÂTONNER** P. 125
U	**UNIR** P. 127

V **VALORISER LE SPORT P. 129**

W **WIFISER P. 137**

X **XYLOPHONER P. 139**

Y **YOYOTER P. 141**

Z **ZIGZAGUER P. 143**

Quand une classe est saturée, il n'y a pas d'autre option que de mettre les élèves en rang. Alors que des configurations en cercle, ou en U, permettent de former un collectif dans lequel peut s'inclure l'enseignant.

AUGMENTER LA CLASSE

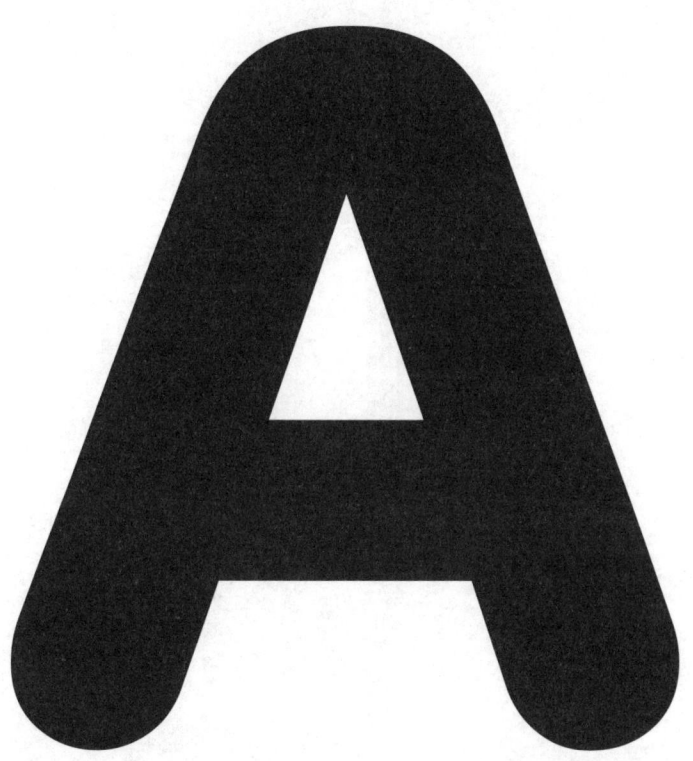

Tremblay-en-France, groupe scolaire (2022-2025)

AD

LP
AA

Pendant toute sa scolarité, de ses 3 ans en maternelle à ses 17 ans au lycée, un enfant évolue au quotidien dans une salle de 60 m² avec vingt-cinq de ses camarades. Comment améliorer son expérience de la classe ? Dans cette surface contrainte, il n'y a souvent pas de possibilité de faire cohabiter les usages et les rythmes de chacun. 60 m² pour vingt-cinq élèves et un instituteur, c'est à peine plus de 2 m² par personne. La rigueur spatiale de la classe traditionnelle — des enfants en rang deux par deux face au tableau — est très efficace dans le cadre d'un enseignement frontal. Mais de nos jours, beaucoup d'enseignants font le choix d'une pédagogie différente, en sortant notamment de cette confrontation spatiale maître/élèves. Pour ouvrir le champ des possibles, il faut aménager des sous-espaces dans la classe afin d'autoriser plusieurs types d'usage au sein d'une même journée, travailler par petits groupes en îlots de cinq ou six élèves par exemple, ou permettre à un enfant qui a terminé son exercice de quitter son bureau en toute autonomie pour aller lire dans le coin bibliothèque, sans déranger ses camarades.

Au fil du siècle dernier, le nombre d'élèves par classe a peu à peu augmenté, pour des surfaces inchangées. Ce dimensionnement est-il toujours le bon ? Est-ce qu'il ne serait pas temps de remettre en question les 60 m² sacrés de la salle de classe ? On l'a fait dans le logement et dans d'autres programmes, mais les surfaces dédiées à l'école n'ont pas, ou peu, bougé. Il s'agit de comprendre réellement ce que permettraient 10 m² de plus. Comme l'ont fait Lacaton et Vassal dans le logement, il nous faut démontrer que construire plus grand peut ne pas être plus cher. Et si l'on considère que ces 60 m² sont une bonne base pour permettre aux élèves d'évoluer au quotidien, il faudrait plutôt limiter leur nombre. Sans compter l'allègement que cela constituerait pour des enseignants débordés. Dans les cours primaire et élémentaire des établissements identifiés REP (Réseau d'éducation prioritaire), il y a vingt-cinq élèves pour deux enseignants par classe, et on leur offre désormais, dans les bâtiments neufs, des salles de 80 m². Ce changement a des conséquences bénéfiques directes sur leur manière d'appréhender l'école. Ajouter 10 m² à l'ensemble des classes nouvellement construites serait une avancée considérable pour la pédagogie.

AD
LP
AA

Est-ce le rôle de l'architecte que de demander plus d'espace et plus d'enseignants pour l'école ? Il faut l'affirmer haut et fort : cela devrait en effet être la norme. S'occuper de trente enfants à la fois est un métier très difficile. Le temps que l'enseignant peut passer en direct avec chacun est vraiment compté, et il n'est pas toujours évident de s'apercevoir qu'un élève est en difficulté. Avec « seulement » vingt élèves à sa charge, c'est à nouveau possible. Quand une classe est saturée, il n'y a pas d'autre option que de mettre les élèves en rang. Alors que des configurations en cercle, ou en U, permettent à tous de se voir mutuellement, de former un collectif dans lequel peut s'inclure l'enseignant.

Lorsque, à l'étape préliminaire d'un concours d'architecture, la maîtrise d'ouvrage demande des salles de classe de 60 m² équipées de trente tables individuelles, ou de quinze tables de deux, on voit très vite à quel point la surface est contrainte. Le mobilier ne semble pas vouloir entrer dans le plan, poussant à réduire artificiellement la taille des tables. Selon le nombre d'élèves par classe, il y a des possibilités d'aménagement, ou il n'y en a pas. Il s'agit clairement d'un des leviers à la disposition de nos institutions pour améliorer la qualité pédagogique des classes.

AD
LP
AA

En attendant de parvenir à s'affranchir des sacro-saints tableaux de surfaces, quelles solutions proposez-vous pour redonner du potentiel à ces mètres carrés ? Le second levier est architectural : il s'agit de tirer parti de tout l'espace disponible pour offrir des aménagements variés aux usagers et gagner en flexibilité. Le mobilier intégré est utile pour créer des « coins », tout en jouant sur la géométrie des lieux. Si les 60 m² disponibles sont saturés parce qu'ils sont occupés par les élèves et leurs bureaux, ainsi que par les besoins de circulation au sein de la classe, la disposition se fige et il est difficile d'imaginer le moindre usage parallèle. En maternelle, où l'enseignement par petits groupes est la règle, on peut créer différentes alcôves dans la classe, quitte à densifier certaines zones. C'est avec l'introduction du tableau, à partir de l'élémentaire, qu'il devient compliqué de proposer d'emblée un espace fragmenté. Les sous-espaces peuvent être obtenus grâce à différentes astuces qui n'empiètent pas sur le reste de la classe : en posant une fenêtre un peu plus loin dans son embrasure, garnie d'une tablette, on crée un coin bibliothèque à moindre coût et sans utiliser de surface au sol.

Une classe dispose souvent d'un long linéaire de façade ; c'est autant de potentiel d'assises confortables pour un usage supplémentaire. Entre deux classes, on peut aussi concevoir une cloison épaisse qui intègre assises et rangements et participe en même temps à l'isolation phonique. En s'éloignant de la pièce rectangulaire traditionnelle, on rebat aussi les cartes de l'espace. Grâce à une zone qui devient rotonde par exemple, on comprend qu'on entre dans un espace dédié, et on peut y aménager différentes choses — atelier, jeux, bibliothèque… Il y a vingt ans, à l'école d'Andrésy, nous avions par exemple proposé une petite estrade dédiée à la zone atelier d'expression plastique au sein des classes maternelles. Récemment, à Bondy, nous avons décliné le concept en lien avec un patio. Au sein d'une classe il y a donc beaucoup d'aménagements astucieux à faire. En l'ouvrant sur la salle d'à côté ou sur le couloir, les solutions pour augmenter l'espace de la classe se multiplient encore.

AD LP AA — **La salle de classe sort de ses limites spatiales ?** Quand le nombre d'élèves et les surfaces allouées aux salles de classe sont immuables, il est intéressant de se servir des circulations qui la bordent, oui. Il ne s'agit évidemment pas d'ouvrir la classe sur un couloir aveugle et étroit, mais plutôt d'élargir celui-ci jusqu'à y créer des poches, des sous-espaces qui pourront, grâce à une cloison mobile, une fenêtre, venir augmenter l'espace contraint de la classe située à proximité. Cependant, lorsqu'on fait ce choix, il faut être conscient qu'utiliser la circulation en tant qu'extension de la classe, donc en tant qu'espace de travail, n'est pas évident. En France, la salle de classe est sacrée. On demande à nos enfants d'y être sages et concentrés, assis à leur table, sans bouger ni parler, pendant de longues heures d'affilée. Défi qu'en tant qu'adultes, nous sommes souvent bien incapables de réaliser nous-mêmes ! Et les élèves y sont comme dans une cocotte-minute : dès qu'ils passent le pas de la porte, ils explosent. Le couloir, c'est presque déjà la récréation ! Les enseignants sont donc parfois réticents à l'idée d'ouvrir une brèche.

AD LP AA — **Comment contourner cet a priori ?** On peut par exemple ouvrir deux ou trois salles de classe sur une circulation large qu'elles auraient en commun, et non sur le couloir principal. En Île-de-France, une école, c'est souvent vingt classes — douze cours élémentaires et huit maternelles. L'échelle de tels établissements est souvent impressionnante pour de jeunes enfants. En répartissant les classes par pôles, on crée de petites communautés beaucoup plus rassurantes, où les élèves peuvent rapi-

Il ne s'agit pas d'ouvrir la classe sur un couloir aveugle et étroit, mais plutôt d'élargir celui-ci jusqu'à y créer des poches, des sous-espaces qui pourront, grâce à une cloison mobile, une fenêtre, venir augmenter l'espace contraint de la classe située à proximité.

Osny, collège (2021-2024)

dement trouver leurs repères. Nous l'avons fait à l'école de Bondy, livrée à la fin de l'année 2023, et il a fallu résoudre de nombreuses problématiques techniques en se positionnant parfois aux limites des normes actuelles, notamment en matière de sécurité incendie. Dans le système traditionnel, la circulation doit être séparée des salles de classe par des parois coupe-feu. Mais d'autres systèmes existent, même s'ils sont moins utilisés car plus complexes à concevoir. À Bondy, nous avons choisi de fonctionner par compartiments. L'établissement se compose ainsi de plusieurs grands ensembles au sein desquels il n'y a pas besoin d'intermédiaire coupe-feu, ce qui allège considérablement l'épaisseur des cloisons, offrant de nouvelles possibilités d'ouverture. Chaque « compartiment » se répartit sur deux niveaux de 300 m² chacun, ce qui représente une surface plus facile à appréhender pour les enfants. On obtient ainsi trois « hameaux » — petite, moyenne et grande sections — de quatre salles de classe chacun, où les circulations internes sont apaisées. Cette typologie va à l'encontre de beaucoup de nos réflexes, les maîtres d'ouvrage n'y sont pas habitués. Mais elle permet d'enrichir considérablement les espaces offerts aux usagers de l'école et de créer de nouveaux réflexes, tout en laissant à nouveau une marge de liberté au concepteur.

AD LP AA À l'intérieur des hameaux, que se passe-t-il ? Ils s'organisent autour de petits patios plantés, et nous avons proposé différentes configurations pour chacun d'entre eux. Dans le premier, les salles de classe peuvent se réunir deux à deux, dans le deuxième, elles s'ouvrent sur la circulation et dans le troisième, elles peuvent faire l'un et l'autre. Chaque salle dispose de deux marches qui permettent d'accéder à l'« atelier », séparé du reste de l'espace par un meuble bas équipé d'un lavabo. Entre les ateliers de deux classes contiguës, des cloisons mobiles permettent aux enseignants de réunir leurs salles pour travailler ensemble ponctuellement. Il leur suffit de manipuler ces panneaux coulissants et pivotants et de les ranger dans les placards latéraux. Ces dispositifs ont été pensés dès le stade du concours, puis transformés au fil des réunions de concertation avec les futurs usagers, très motivés par le projet. Le service éducation de la Ville de Bondy a compris leur importance et a joué le jeu. Cette gradation des possibilités d'ouverture va d'ailleurs de pair avec le choix d'une structure très flexible en poteaux-poutres et en poteaux-dalles. Si dans cinq, dix ou quinze ans la Ville constate qu'une solution fonctionne mieux que les autres, il lui suffira de modifier une simple cloison pour adapter l'espace. Pour la maîtrise d'ouvrage comme pour nous, c'est une expérience inédite et nous avons hâte de voir comment ces espaces vont être appropriés par les équipes sur le temps long.

AD
LP Quelle est la marge de manœuvre de l'architecte sur la partie
AA mobilier des salles de classe ? En ce qui concerne le mobilier intégré, les maîtres d'ouvrage sont souvent assez réceptifs, à partir du moment où le budget est tenu. Dans nos équipements scolaires, nous en dessinons beaucoup, notamment des rangements. Nous estimons qu'un espace flexible et ouvert aux possibles doit être libre, et donc bien rangé. C'est aussi une manière d'orienter les usages : ici un petit amphithéâtre pour l'heure du conte, là un lavabo et une paillasse pour l'expérimentation, là encore un banc et quelques étagères pour un coin lecture…

Mais pour le reste du mobilier — les armoires, les bureaux, les chaises —, la maîtrise d'ouvrage a souvent des accords-cadres avec des fournisseurs de grande distribution, dans une logique d'économie d'échelle afin de réduire les coûts, et il est difficile de passer outre. Certaines villes, comme Rosny-sous-Bois, fournissent elles-mêmes le mobilier grâce à leurs ateliers municipaux. Le coût de revient n'est pas supérieur, pour un résultat souvent beaucoup plus qualitatif. Il est vraiment nécessaire, en tant qu'architectes, de se réapproprier cette mission dans sa globalité. Nous insistons à chaque fois pour, au moins, participer au choix, mais on sent de la résistance de la part des maîtres d'ouvrage. S'ils s'inquiètent avant tout du coût, le mobilier est souvent aussi une manière pour eux de s'approprier le bâtiment en l'aménageant, comme ils le feraient chez eux. Malheureusement, il est rarement choisi par les futurs usagers et cela peut donner lieu à des situations ubuesques. Il arrive que le mobilier standard commandé en trop grande quantité envahisse la salle de classe, jusqu'à ses façades vitrées ! Lorsque nous avons passé du temps à concevoir l'agencement pour épargner le moindre mètre carré utile au profit des élèves, que l'entreprise a ensuite accompli un travail remarquable pendant le chantier et que nous découvrons finalement les lieux presque impraticables, c'est un coup dur ! À travers la manière dont les enfants et l'enseignant habitent leur salle de classe tout au long de l'année, c'est aussi une certaine culture de l'espace qui est transmise. S'il est saturé, l'élève sera contraint dans ses mouvements ; en se déplaçant, il fera du

En tant qu'architectes de ce type d'équipement, c'est notre rôle de bien connaître le milieu et d'être toujours à l'écoute des retours d'usage. Il ne faut pas hésiter à aller observer, à vivre l'école pour mieux la concevoir.

bruit, dérangera ses camarades. Lorsque l'espace est libre, rangé, avec des zones dédiées aux circulations, l'élève retrouve son autonomie.

AD LP AA — Cet idéal minimaliste est-il accessible ? Comme pour une chambre d'enfant, cela demande beaucoup d'énergie. D'autant plus qu'il n'y a pas toujours le même nombre d'élèves dans une classe d'une année sur l'autre, ni même d'une semaine sur l'autre, entre autres quand un professeur est absent et que ses effectifs doivent être répartis dans les autres classes. L'espace et le mobilier doivent être capables d'absorber ces fluctuations sans trop en pâtir. Intégrer ces aléas dès la conception demande aussi une « culture scolaire ». On sait comment habiter le logement, puisqu'on en fait tous l'expérience au quotidien, mais on ne peut pas en dire autant pour l'école. Se souvient-on de ce que représentent trente élèves dissipés dans une salle de 60 m² ? En tant qu'architectes de ce type d'équipement, c'est notre rôle de bien connaître le milieu et d'être toujours à l'écoute des retours d'usage. Il ne faut pas hésiter à aller observer, à vivre l'école pour mieux la concevoir. Comment se passe une journée dans un équipement scolaire type Jules Ferry des années 1930, dans une école de plein air des années 1970 ou dans un bâtiment récent ? Les usagers ont beaucoup à nous apprendre.

AD LP AA — Qu'en est-il du mobilier modulable ? Pour un lycée à Vincennes, nous avions imaginé des salles de classe aux multiples configurations grâce à des tables à roulettes dont la géométrie permettait de les associer facilement. Même à partir du catalogue standard, on peut choisir un mobilier qui va s'adapter à l'espace le plus intelligemment possible. À l'inverse, quand le moindre changement de configuration spatiale demande trop d'énergie, est trop bruyant ou prend trop de temps, ce sont autant de freins à la multiplication des usages. Fin 2022, nous avons été lauréats d'un concours pour une école maternelle et élémentaire à Tremblay-en-France, où la maîtrise d'ouvrage s'est positionnée en faveur d'une pédagogie innovante. Cette modularité figurait dans les prérequis, et la conception du mobilier faisait d'emblée partie des missions de l'architecte. Le programme indiquait clairement que « l'élève devait être replacé au centre du dispositif scolaire ». Dans ce cas, la salle de classe n'est plus attribuée à un enseignant, ni même à un niveau, elle doit être ultra-flexible afin de convenir à l'ensemble des temporalités scolaires et périscolaires.

AD
LP
AA

Scolaire et périscolaire partagent les mêmes espaces ? Au sein des écoles du premier degré (maternelle et élémentaire) cohabitent deux équipes : l'équipe pédagogique, qui dépend du ministère de l'Éducation nationale, et les agents de la Ville, qui gèrent l'accueil, le périscolaire et la restauration. Ils travaillent en interaction, partagent des lieux et des responsabilités, mais n'ont pas de comptes à se rendre. Quand les enseignants sont contraints, par manque de place, de partager leur salle de classe avec le périscolaire, cela peut devenir source de conflit. Dans beaucoup de programmes récents, le centre de loisirs se trouve entièrement dissocié pour éviter cela. Il s'agit alors de quatre, cinq, voire six salles qui ne sont occupées que 20 % du temps, les mercredis après-midi, les samedis et pendant les vacances scolaires.

À Tremblay par exemple, il est précisé d'emblée que toutes les salles de classe seront partagées avec le périscolaire. Ce choix permet à la maîtrise d'ouvrage d'augmenter la surface des salles de près de 20 m² chacune ! À nous de proposer des solutions pour cette mutualisation. Même si dans ce cas, elle fait partie du projet pédagogique auquel les enseignants ont adhéré au préalable, elle ne doit pas pour autant entraîner une perte de repères pour les équipes, ni une forme de désengagement spatial. Si le partage est bien organisé, avec des rangements à clé intégrés et des meubles modulables par exemple, il peut se dérouler de manière apaisée.

Même à partir du catalogue standard, on peut choisir un mobilier qui va s'adapter à l'espace le plus intelligemment possible. À l'inverse, quand le moindre changement de configuration spaciale demande trop d'énergie, est trop bruyant ou prend trop de temps, ce sont autant de freins à la multiplication des usages.

Il nous semble intéressant d'envisager le CDI comme un lieu ouvert en prolongement du hall, une extension peuplée de livres qui vient enrichir le quotidien des adolescents.

BOULEVERSER LA BIBLIOTHÈQUE

AD LP AA — Le CDI est-il toujours un élément constitutif important d'un établissement scolaire ? Oui, et nous l'installons systématiquement au cœur de l'établissement. Dans le collège de Cergy récemment construit, nous avons positionné le centre de documentation et d'information au premier étage, entre le préau et le grand hall en triple hauteur. Avec ses parois largement vitrées, il forme un volume qui semble presque suspendu dans l'espace et qui affirme ainsi son caractère central. Nous avons ensuite gagné le concours du collège d'Osny, dans le même département, avec une proposition d'organisation spatiale similaire. Mais pour ce second projet, nous avons eu l'occasion de rencontrer les futurs usagers grâce à plusieurs ateliers de concertation, organisés par la maîtrise d'ouvrage, ce qui n'avait pas été le cas à Cergy.

En abordant le sujet du CDI avec les jeunes, nous avons compris que son installation à l'étage pose certains problèmes. En effet, les assistants d'éducation étant en effectif réduit pour gérer les récréations, il leur est impossible de surveiller l'ensemble du collège, notamment les étages. Les élèves ne peuvent donc plus s'y rendre librement pendant ces temps de pause. À la suite de ce constat et en accord avec le maître d'ouvrage, nous avons fait le choix de ramener cette partie du programme au rez-de-chaussée, tout en gardant l'organisation globale du plan. C'est donc l'administration qui est désormais au premier étage, et le CDI se retrouve à l'articulation du hall, du foyer des élèves et du préau. Nous avons hâte de voir comment les usagers vont s'en emparer.

AD LP AA — Est-ce un équipement que l'on ferme forcément à clé ? Cette nouvelle position nous a en effet amenés à questionner sa porosité. Il nous semble intéressant d'envisager plutôt le CDI comme un lieu ouvert en prolongement du hall, une extension peuplée de livres. Au New Art Museum de New York ou au Rolex Learning Center de Lausanne (SANAA arch., 2007 et 2010), la librairie forme un « corner » dans l'espace d'accueil. Elle est délimitée par un ou plusieurs meubles qui peuvent se fermer, sans pour autant diminuer la surface disponible. Les problématiques de sécurité perturbent parfois la fluidité des lieux par des dispositifs plus figés, mais ce principe de décloisonnement est vraiment inspirant. Transposé aux collèges ou lycées, il incite à considérer la bibliothèque comme une extension de l'espace de vie principal. En libre accès, ses 200 m² viennent ainsi enrichir le quotidien des adolescents.

Le confort d'usage doit aussi être soigneusement considéré pour garantir l'appropriation des lieux. Il faut pour cela prévoir des cloisonnements partiels permettant d'isoler certaines zones, visuellement et phoniquement. Il ne s'agit pas d'avoir l'impression d'être dans le passage ! Car si le CDI donne accès à une sélection d'ouvrages, beaucoup d'élèves l'utilisent aussi et avant tout pour travailler en petits groupes, réviser ou faire leurs devoirs — ils ont donc besoin de tranquillité. On peut imaginer des alcôves différenciées, avec d'un côté les livres, de l'autre les espaces de travail — postes individuels, tables communes — et le bureau du documentaliste à proximité. L'avantage de cette organisation réside dans le fait que quand ce dernier est absent, son poste de travail peut être fermé mais le reste du CDI est toujours accessible aux élèves.

Il y a beaucoup de temps morts dans la journée des collégiens et, à cet âge, ils n'ont pas encore la liberté de sortir de l'établissement comme bon leur semble. Avec cette bibliothèque ouverte, nous proposons une alternative intéressante à la salle de permanence ! Au lycée de Vincennes, nous avions projeté le CDI au premier étage au-dessus de l'entrée, avec les livres dans une sorte de malle que le documentaliste ouvre et ferme quotidiennement. Dans le programme, c'était une pièce fermée dotée de plusieurs accès, mais le besoin de fluidité des circulations nous a amenés à la décloisonner. Résultat, l'espace est vraiment occupé tout au long de la journée par les étudiants.

AD
LP
AA

Quelle place pour le documentaliste dans cette nouvelle configuration spatiale ? En ouvrant la bibliothèque sur le hall, on lui donne une position très centrale. Il n'est plus enfermé dans son sanctuaire silencieux. Son travail, dont la majeure partie s'effectue dans l'ombre, est souvent assez abstrait pour les élèves. C'est donc l'occasion de revoir son rôle pour en faire un pilier à part entière de la pédagogie de l'établissement, à l'initiative de projets renforçant les liens entre élèves et enseignants, ou en soutien de certains élèves en difficulté. C'est parfois déjà le cas et bien sûr cela dépend beaucoup des personnalités, mais nous sommes convaincus que l'architecture peut accompagner et inviter à cette mise en lumière.

Il est important de préciser que si les collèges et lycées ont presque tous un documentaliste intégré à leurs équipes, ce n'est pas le cas en primaire. Le fonctionnement de la BCD (bibliothèque centre de documentation) dépend souvent entièrement des enseignants et des équipes périscolaires. C'est en échan-

geant avec la maîtrise d'ouvrage du groupe scolaire de Bobigny que nous avons pris conscience de ce processus. En primaire, les enfants passent une grande partie de la journée dans la même salle. Pour utiliser la bibliothèque, c'est la classe tout entière qui doit se déplacer sur un créneau horaire que l'enseignant aura réservé en amont. L'inertie du groupe et l'organisation nécessaire entraînent la sous-utilisation de cet espace, alors qu'il s'agit d'une surface non négligeable dans le programme, généralement bien dotée puisque associée à des fonctions de représentation. N'avons-nous pas intérêt alors, en primaire, à répartir ses 100, voire 150 m², dans chacune des classes ? Car à cet âge-là, les enseignants invitent les élèves qui ont terminé leur exercice à aller s'asseoir tranquillement dans le coin bibliothèque de la classe pour lire l'ouvrage de leur choix. Cette pratique favorise leur autonomie et évite qu'ils dérangent leurs camarades. Mais prévoir un tel espace au sein d'une pièce de 60 m² est difficile… c'est pourquoi il est parfois réduit à une simple étagère. Avec 10 m² de plus par classe, il est possible de concevoir un véritable espace bibliothèque, doté d'un coin lecture confortable et apte à accueillir plusieurs élèves à la fois. C'est ce que nous avons notamment fait à Tremblay-en-France. On propose ainsi aux enfants un accès aux livres quotidien et immédiat, dans un espace qui leur est familier. Cette proximité avec l'objet livre est vraiment bénéfique à leur développement. Finalement, c'est à partir du collège que le CDI en tant que pièce autonome prend vraiment tout son sens. Les changements de salle, les emplois du temps à trous, les pauses plus longues et les devoirs demandés aux élèves sont beaucoup plus propices à son utilisation, et ce tout au long de la journée.

AD
LP
AA

Peut-on envisager l'ouverture de la bibliothèque au public ?
Dans le groupe scolaire de Bondy, il était initialement prévu qu'elle puisse être ouverte le week-end et pendant les vacances aux élèves et à leurs parents. Nous l'avions installée entre les deux halls, et conçue pour être autonome, avec notamment des sanitaires spécifiques et des dispositifs empêchant l'accès au reste de l'école. Mais finalement, la nécessité de la présence d'un agent de la Ville a eu raison de cette option. À terme, si la maîtrise d'ouvrage change d'avis, il suffira d'y prévoir quelques animations pour en faire un équipement très riche, au service de l'ensemble du quartier et du tissu associatif local. Comme les cours oasis, ces lieux ouverts sur la ville participent à désacraliser le rapport à l'école des élèves et de leur famille.

En primaire, pour utiliser la bibliothèque, c'est la classe tout entière qui doit se déplacer sur un créneau horaire réservé en amont. L'inertie du groupe et l'organisation nécessaire entraînent la sous-utilisation de cet espace.

CONTER

Traditionnellement, le hall est un espace de représentation de l'école vis-à-vis de l'extérieur. Lorsqu'il est dépourvu de qualité d'usage, purement distributif, nous considérons que c'est un espace perdu.

DÉCLOISONNER LE HALL

Cergy, collège / gymnase (2018-2022)

**AD
LP
AA**

À quoi sert le hall d'une école ? Traditionnellement, le hall est un espace de représentation de l'école vis-à-vis de l'extérieur. Il exprime le statut de l'établissement, c'est un instrument spatial à l'attention des visiteurs occasionnels, mais il ne s'adresse que très peu à ses principaux usagers, qui l'utilisent quelques minutes par jour seulement pour entrer et sortir. Souvent dépourvu de qualité d'usage, purement distributif, il est de notre point de vue un espace perdu. D'ailleurs, il est très peu défini dans les programmes. Sa surface n'est donnée qu'à titre indicatif. Nous proposons d'exploiter cette souplesse pour créer des espaces plus riches. Ses précieux mètres carrés peuvent être attribués à d'autres éléments du programme, qui participent davantage au fonctionnement quotidien de l'établissement.

C'est une piste que nous avons mise en place dans plusieurs de nos collèges, notamment dans le Val-d'Oise, à Cergy et à Osny. Les deux établissements s'organisent autour d'un grand vaisseau central, un atrium en triple hauteur qui fait à la fois office de hall et de circulation. Nous avons trouvé cette solution pour que ces mètres carrés profitent vraiment à la vie de l'établissement. Les salles d'enseignement sont réparties de part et d'autre, tout comme l'administration et la bibliothèque. En sortant de classe, même au deuxième étage, on embrasse directement du regard l'ensemble du collège depuis la coursive, on se repère aisément dans l'espace. Cette dilatation généreuse fait l'unité du bâtiment, le hall est un point de rencontre et de rassemblement. Et, du fait qu'il est facilement surveillable, il permet aux adolescents de bénéficier d'une plus grande autonomie. Dès l'entrée, l'établissement se raconte de lui-même par l'ampleur de cet espace structurant. La ville est laissée au-dehors. Ce décloisonnement est au cœur de notre travail. Il enrichit, selon nous, considérablement les usages, sans imposer. Sous cette forme, les limites du hall sont floues, et il est ainsi utilisé tout au long de la journée.

**AD
LP
AA**

Comment devient-il davantage qu'un lieu de passage ? Grâce à ses qualités spatiales, acoustiques, lumineuses, mais aussi par la manière dont il est aménagé. Le lycée d'Ørestad, à Copenhague (3XN arch., 2007), est un très bon exemple pour son hall à la fois monumental, impressionnant, et pourtant appropriable de mille et une manières par les élèves. Comme à Bobigny, nous aimons proposer des amphithéâtres en gradins qui offrent de nombreuses possibilités d'appropriation : on peut s'y installer pour lire seul, se regrouper à deux ou trois, s'en servir en tant que tribune ou lieu de rassemblement. À Vincennes, nous avons aussi ouvert le foyer des élèves sur le hall : plutôt que de concevoir une pièce fermée, nous avons choisi de la considérer comme un sous-espace du vaisseau central. Comme il est un lieu de vie totalement destiné aux adolescents, c'est aussi une manière d'amorcer l'appropriation du reste du hall.

AD
LP
AA

Le hall est habituellement à l'entrée de l'établissement. Quid de l'interface entre la rue et ce grand vaisseau ? Dans nos projets, l'interface se fait par un parvis extérieur. L'entrée est en quelque sorte externalisée, elle se déploie pour faire tampon entre la ville et le grand atrium central. À ciel ouvert ou partiellement en préau, cet espace sécurisé appartient à l'école, il permet d'accueillir et de filtrer l'ensemble des élèves. Une fois passée la porte d'entrée, on plonge immédiatement dans la circulation générale. Lorsque la parcelle le permet, un accès direct à la cour de récréation est aménagé depuis l'extérieur. À Cergy et à Osny, les parvis sont de grands jardins en lien avec l'espace public. Ces sas végétaux participent à une transition douce, accompagnant les élèves depuis le tumulte de la rue jusqu'à l'intérieur du collège.

AD
LP
AA

S'agit-il aussi de dispositifs de mise à distance ? Oui, la végétation, notamment sous forme de noues plantées, participe de cette mise à distance vis-à-vis de l'extérieur. Lorsqu'on conçoit des écoles, le sujet de la sécurité s'invite très rapidement dans l'équation. Il y a eu plusieurs attentats ces dernières années, et la communauté scolaire est inquiète. Le hall a un statut particulier dans ce cadre puisqu'il s'agit à la fois d'un point d'entrée et du seul espace où la transparence est acceptée par les maîtres d'ouvrage. Le reste de l'établissement ne doit pas être visible depuis l'espace public, afin de protéger élèves et personnels.

AD
LP
AA

Si le hall est « vivant », que des usages y sont prévus, qu'en est-il de cette exception en matière de sécurité ? Dans les écoles où nous avons conçu le hall sous forme de grand vaisseau central, il se positionne toujours en retrait vis-à-vis de la rue. Cette configuration nous semble indispensable pour qu'il puisse être pleinement approprié. À Cergy par exemple, le master plan urbain imposait d'implanter le collège en bordure de boulevard. En concertation avec la maîtrise d'ouvrage, nous avons fait le choix d'y installer l'administration et la bibliothèque, pour faire tampon avec le reste du programme.

Tremblay-en-France, groupe scolaire (2022-2025)

À Bondy, les halls des écoles maternelle et élémentaire largement vitrés donnent directement sur la rue. On y trouve notamment la bibliothèque mutualisée. L'école se situe sur une artère secondaire, et nous avons prévu à l'entrée un petit square public qui crée une distance entre la ville et le bâtiment. Malgré cela, lors de la commission de sûreté, il a fallu défendre ardemment cette transparence auprès des représentants de la préfecture. Finalement, la présence de caméras de surveillance nous a permis d'obtenir un avis favorable. C'est un comble, mais ce sont parfois les caméras qui redonnent une certaine liberté spatiale dans un système qui, lorsqu'il prône le tout-opaque, devient presque liberticide. Même la maîtrise d'ouvrage, qui soutenait notre proposition parce qu'elle souhaitait dès le départ un projet «différent», n'a pas pu nous garantir que les fenêtres ne seraient pas couvertes de vitrophanie à terme. Ces films plastiques opacifiants sont souvent la réponse à tout, mais les appliquer sur l'ensemble des vitrages à rez-de-chaussée ne constitue pas pour autant une solution miracle… En hiver, ils n'empêchent pas les vues de l'extérieur lorsque l'intérieur est éclairé, et surtout ils créent un sentiment d'enfermement. À nous, architectes, d'être inventifs pour trouver un juste milieu entre école transparente et école aveugle, avec pour objectif premier le confort et la sécurité des élèves. Le tout-sécuritaire a tendance à introvertir les établissements et donc à mettre encore plus à distance les parents, mais aussi le public en général. Si la relation de l'école à la ville se réduit à une interface aveugle, c'est la société dans son ensemble qui s'en désengage.

À nous, architectes, d'être inventifs pour trouver un juste milieu entre école transparente et école aveugle, avec pour objectif premier le confort et la sécurité des élèves.

ÉCOUTER

FABRIQUER

63

GRIFFONNER

65

Auparavant, deux ou trois arbres suffisaient à agrémenter la cour d'école. Ils devaient être persistants pour ne pas avoir à ramasser les feuilles, et sans terre accessible au pied. Aujourd'hui, c'est pratiquement l'inverse !

HYBRIDER LA COUR

67

AD
LP
AA

La cour de récréation n'a-t-elle pas déjà été réinventée ? C'est peut-être un des seuls espaces de l'école qui a radicalement entamé sa transition, oui, et ce depuis quelques années déjà. Quelle que soit l'obédience politique de la ville, c'est désormais consensuel, la cour doit être autre chose qu'une vaste surface bitumineuse. Auparavant, deux ou trois arbres suffisaient à l'agrémenter. Ils devaient être persistants pour ne pas avoir à ramasser les feuilles, et sans terre accessible au pied. Aujourd'hui, c'est pratiquement l'inverse ! Mais globalement, on est toujours dans une période d'expérimentation, passionnante parce que très permissive. Il y a de grandes réussites, des échecs aussi. L'important est de continuer à tester de nouvelles propositions avant que les manières de faire ne soient figées par un règlement restrictif.

C'est dans la conception des cours de collèges et de lycées que notre marge de liberté est la plus grande, étant donné l'âge des élèves. À l'école maternelle et en élémentaire, ce sont les enseignants qui surveillent la récréation à tour de rôle. L'espace doit donc pouvoir être aisément embrassé du regard, là où les cours peuplées d'adolescents acceptent les recoins. Cependant, il faut noter qu'aujourd'hui le paramètre de la surveillance tend à perdre de l'importance. Les maîtres d'ouvrage semblent désormais plus soucieux de protéger les enfants vis-à-vis de l'extérieur que de les protéger d'eux-mêmes. En ce qui concerne la cour, ils attendent des propositions d'aménagement qui sortent de l'ordinaire, même pour des établissements où le reste du programme est plutôt classique.

La cour est notamment le lieu de l'école qui a bénéficié le premier des récentes prises en compte des enjeux écologiques. Sûrement parce qu'en tant qu'espace extérieur, il accepte facilement les transformations. Dorénavant, le maître mot est la « cour jardin ». Les enfants, surtout en milieu urbain, doivent pouvoir bénéficier d'un espace planté de qualité. Dans une école comme celle de Bondy, avec dix-sept classes élémentaires, il faut imaginer le chahut que font ses cinq cents élèves rassemblés ! Cette foule est anxiogène pour certains, et la récréation devient alors un moment redouté. Quand la cour est constituée d'une grande surface de bitume unitaire, elle ne permet aucune échappatoire. En revanche, si elle est divisée en sous-espaces, sur plusieurs étages, végétalisée, elle offre des alternatives. Les élèves choisissent alors la manière dont ils vont se socialiser, en sautant dans le grand bain du jeu collectif ou en allant s'asseoir avec un petit groupe tranquille. Il est important qu'ils puissent s'épanouir aussi hors de leur salle de classe. Les amphithéâtres extérieurs, systématiquement refusés auparavant par les maîtres d'ouvrage car considérés comme dangereux, sont aujourd'hui plébiscités. À Bobigny, nous avons conçu un grand emmarchement végétalisé où les enfants peuvent toucher la terre, monter, descendre, se regrouper, se casser la binette… C'est comme si les menaces du réchauffement climatique et des attaques terroristes avaient atténué celle du trébuchement et des mains sales. C'est un processus très libérateur pour les enfants ! Les récréations constituent les grands moments de liberté de leur journée, il est important qu'ils puissent avoir accès à des espaces diversifiés, et ainsi progresser dans leur autonomie. Il faut cependant éviter que le végétal ne réduise trop les espaces de jeux, car on finit paradoxalement par aller à l'encontre des objectifs souhaités. Dans les cours de type « oasis », on doit chercher le juste équilibre entre espaces plantés et espaces libres.

AD
LP
AA

Comment s'est développé ce concept de cour oasis ? Le mouvement a commencé à Paris en 2017. La densité urbaine de la capitale implique un grand besoin d'espaces verts et, dans le cadre d'un programme de plantation d'arbres — 170 000 en cinq ans —, la mairie a fait l'inventaire de ses surfaces disponibles. Les cours d'école ont été réquisitionnées pour bénéficier au passage de réaménagements sur mesure, afin de « renforcer la capacité du territoire à faire face aux grands défis climatiques et sociaux du XXIe siècle ». Avec la force de communication de la Ville de Paris, les cours oasis ont eu une visibilité nationale, voire internationale. Beaucoup d'autres communes françaises, faisant face aux mêmes enjeux, se sont approprié le concept et il n'a pas fallu attendre longtemps pour que tous les programmes de conception d'école demandent aussi leur cour oasis.

Les cours oasis ont plusieurs ambitions : végétaliser, lutter contre les îlots de chaleur en recréant des sols infiltrants en pleine terre, créer des espaces ludiques et des coins calmes, proposer davantage d'ombre et de fraîcheur… l'objectif premier étant le bien-être des enfants. Là où la cour rectangle est très genrée, puisque principalement réservée aux jeux de ballon dont s'emparent souvent les garçons, la cour oasis se veut plus mixte. Mais au-delà de ces aménagements, le dispositif consiste aussi à permettre au public d'accéder à ces cours jardins protégées pendant le week-end et les vacances scolaires.

Les récréations constituent les grands moments de liberté de la journée des enfants ; ils doivent pouvoir avoir accès à des espaces très diversifiés pour progresser dans leur autonomie.

Et c'est vraiment du bon sens ! Lorsqu'on est parents dans une métropole française, où faire jouer ses enfants en toute sécurité ? À part dans quelques parcs, souvent pris d'assaut, il est difficile de trouver des jeux qui leur sont accessibles, ou des espaces leur permettant de bien se défouler. À Paris, on en arrive à des situations ubuesques où il faut parfois attendre une demi-heure pour faire un tour de toboggan… En ouvrant les cours des écoles, notamment maternelles puisqu'elles sont équipées d'aires de jeux, on améliore donc la qualité de vie des petits urbains et de leurs parents. Ces cours oasis sont aussi des nouveaux espaces refuges pour nos aînés et pour les populations les plus fragiles. Les périodes de forte chaleur que nous avons récemment traversées nous ont permis de comprendre à quel point ces lieux rafraîchis sont indispensables en ville.

AD LP AA **Quels sont les impacts d'une cour ouverte au public sur la conception globale de l'école ?** On assiste en quelque sorte à un déplacement de l'espace de la cour vers la ville. Historiquement, elle était plutôt protégée, entourée par les bâtiments de l'école ; elle se retrouve désormais à l'interface. En concevant un accès direct à la cour depuis la rue, que ce soit par une grille, un préau, un passage couvert, on peut espérer qu'elle sera utilisée hors temps scolaire. Mais dans des contextes urbains très denses, où l'école a peu de linéaire de façade sur rue, ce n'est pas toujours évident de créer cette proximité. Quoi qu'il en soit, la présence d'un agent de la Ville est nécessaire pendant les périodes d'ouverture de la cour au public, et le reste de l'école ne doit pas être accessible. Au Pecq par exemple, nous avons équipé les salles de classe du rez-de-chaussée de portes-fenêtres sécurisées et de vitrages anti-effraction. Ces dispositifs ont un certain impact économique, mais rien d'insurmontable. Finalement la cour demande aujourd'hui à être protégée en semaine, ouverte le week-end, et c'est aux architectes de se saisir de ce paradoxe pour innover.

À Bobigny, le groupe scolaire est installé le long d'une grande avenue, dans un quartier très arboré. La géométrie tout en longueur de la parcelle nous a amenés à placer la cour de l'école maternelle directement sur la rue et, même si elle doit s'ouvrir au public, il faut avant tout garantir l'intimité des plus petits. Nous avons donc prévu de végétaliser densément les abords de l'école grâce à deux noues plantées épaisses, séparées par une grille. Et étonnamment, malgré le caractère non pérenne de la végétation, la maîtrise d'ouvrage a accepté cette

proposition. L'avantage de ce type de dispositif est qu'il permet d'adoucir le rapport des enfants à l'école et, plus largement, celui des habitants à leur quartier. Cette acceptation est un signe vraiment positif : tous les acteurs du projet comprennent bien à quel point l'introduction de la végétation améliore l'expérience de l'école et de la ville.

AD LP AA — La cour oasis n'est-elle pertinente qu'en milieu urbain dense ? Même dans certaines villes très pourvues en espaces verts, ou dans des zones plus rurales, la cour oasis présente de nombreux avantages. Elle permet à certains parents d'être plus rassurés lorsqu'ils laissent jouer leurs enfants et est bénéfique pour l'autonomisation de ces derniers. À la manière d'un parc ou d'un square, quand l'espace est délimité, l'enfant peut se mouvoir plus librement. Ouvrir les portes de l'école en dehors du temps scolaire est aussi l'opportunité, pour les élèves qui y sont scolarisés, de montrer à leurs parents où ils évoluent, ce qui favorise le dialogue. La cour d'école devient un lieu de sociabilité où plusieurs générations se croisent et échangent. À terme, ce dispositif sensibilise l'ensemble des citoyens à l'importance de l'école.

AD LP AA — La cour oasis peut-elle accueillir d'autres usages ? Oui. La dimension purement récréative des cours doit en effet être remise en question. Elles peuvent notamment devenir des lieux parfaits pour l'apprentissage de la biodiversité : découverte des espèces végétales, hôtels à insectes, potagers… Ces nouveaux usages apparaissent déjà dans la cour oasis mais, à l'instar des pratiques observées dans les pays du Nord, nous pensons qu'il est intéressant de pouvoir aussi sortir de l'espace fermé de la classe pour enseigner à l'air libre. Différents dispositifs spatiaux permettent cette appropriation : amphithéâtre, clairière ombragée, pergola…

AD LP AA — On voit de plus en plus de projets intégrant des cours de récréation en toiture, est-ce qu'elles répondent à un besoin particulier ? Il y a dix ou quinze ans, l'idée de végétaliser les toits, voire de les habiter, était impensable. Nous sommes entrés depuis dans une logique d'optimisation du foncier et désormais, c'est vrai, dans près de la moitié de nos projets de groupe scolaire, la cour est sur le toit. La surface de la cour de récréation doit représenter l'équivalent de 3 m² par élève minimum, et les terrains qu'on octroie aux écoles, notamment en région parisienne, sont de plus en plus exigus. Quand on additionne la surface du bâti et l'espace extérieur, souvent le compte n'y est pas. Évidemment, si l'on souhaite que les cours sur le toit aient les mêmes qualités qu'au sol, il faut déployer davantage de technique, mais certaines situations le justifient. Entre la végétation hors-sol, son arrosage et la structure qui supporte l'ensemble, elles pèsent incontestablement dans l'économie globale du projet. À Clichy-la-Garenne, l'école devait être réalisée tout en bois, mais ce n'était pas raisonnable de concevoir la cour jardin en toiture si l'on suivait ce principe : cela aurait créé des problèmes d'infiltration d'eau et de bruits d'impact dans les locaux situés en dessous, sans compter le poids de l'ensemble, et le tout pour un coût beaucoup plus élevé. Pour cette zone spécifiquement, nous avons donc fait le choix d'une structure en poteaux et dalle de béton la plus optimisée possible.

Les cours en toiture tendent à se généraliser sur l'ensemble du territoire. Bientôt, notamment dans le cadre de la démarche ZAN (zéro artificialisation nette), tous les projets, qu'ils soient en zone urbaine ou rurale, seront compacts et conçus dans une économie d'espace et de surface.

Une cour surélevée entraîne aussi des problématiques de covisibilité. Si certaines configurations du bâti permettent de conserver une intimité, à Clichy-la-Garenne, la cour à R+1 est dans le champ de vision des habitants des immeubles alentour, bien qu'à une certaine distance. Mais quoi de mieux qu'une cour de récréation pour animer le cœur d'un quartier ? La maîtrise d'ouvrage, qui souhaitait une école très ouverte, a adhéré à ce principe. Voir et entendre les enfants dans leurs activités quotidiennes participe à donner de la visibilité à l'institution scolaire et à ses acteurs.

C'est aussi dans la cour de récréation que l'on trouve les sanitaires. Sont-ils forcément dissimulés aux regards ? C'est important de les mentionner ici car il s'agit souvent d'un sujet sensible dans la vie d'un établissement scolaire. En effet, si certains sanitaires sont répartis dans les étages pour être utilisés pendant et entre les cours, c'est au moment de la récréation et de la pause déjeuner qu'ils sont le plus utilisés. 80 % d'entre eux sont donc dans la cour, ou connectés avec celle-ci. Malheureusement, comme l'indique Maurice Mazalto dans son ouvrage *Concevoir des espaces scolaires pour le bien-être et la réussite* (éditions L'Harmattan, 2017), près d'un tiers des élèves se retiennent parfois toute la journée pour ne pas avoir à aller aux toilettes de l'école. WC en nombre insuffisant, sales, inconfortables, offrant peu d'intimité… : nombreuses sont les raisons qui entraînent ces comportements. Pourtant, trop se retenir peut avoir des conséquences néfastes sur la santé. L'apprentissage par nos enfants de la propreté et de l'hygiène doit pouvoir se faire dans de bonnes conditions. D'autant plus qu'à partir du collège, les sanitaires deviennent des espaces de socialisation à part entière : on s'y retrouve parfois, on y discute à l'abri de la foule quand la cour ne le permet pas.

Pour des raisons de sécurité, les toilettes sont aujourd'hui souvent construites sur le modèle américain, avec des cloisonnettes standardisées, peu épaisses, ouvertes en parties basse et haute. C'est difficile d'y trouver de l'intimité puisqu'elles n'offrent aucune isolation phonique. En maternelle, les cloisons n'arrivent qu'à mi-hauteur : les enfants ne peuvent pas se voir entre eux, mais les adultes qui les accompagnent les surveillent. C'est un véritable défi que de concevoir des espaces qui respectent leur pudeur tout en étant sécuritaires et agréables.

Par ailleurs, le lavage des mains est intégré à la pédagogie des plus petits depuis de nombreuses années, et la pandémie de Covid-19 a participé à l'ancrer encore davantage dans notre routine quotidienne. Ces lieux souvent considérés comme secondaires sont pourtant très régulièrement utilisés au cours de la journée et doivent donc avoir de véritables qualités : lumière naturelle, confort acoustique, bonne ergonomie.

Avec la cour oasis, la cour d'école devient un lieu de sociabilité où plusieurs générations se croisent et échangent. À terme, ce dispositif sensibilise l'ensemble des citoyens à l'importance de l'école.

IMAGINER

81

JOUER

83

KLAXONNER

85

LÉZARDER

87

Nous luttons pour offrir les espaces les plus généreux possible, notamment en ce qui concerne les extérieurs. Il peut être tentant de reléguer le préau en marge, pourtant il existe de multiples manières de le concevoir comme un espace polyvalent, appropriable par tous.

MUTUALISER LE PRÉAU

89

AD
LP
AA

Qu'est-ce qu'un préau ? C'est un espace extérieur couvert, souvent situé à l'interface entre la cour et le bâtiment, qui permet en temps de pluie d'abriter les élèves pendant la récréation. En été, il protège aussi du soleil. On le considère aujourd'hui comme un sous-espace de la cour de récréation. Il est d'ailleurs présenté comme tel dans les programmes — « cour : 3 000 m² dont préau, 300 m² ». Dans la majorité des concours, nous recevons des programmes à mettre en œuvre sur des parcelles de plus en plus petites, surtout en région parisienne. Et pour autant, nous essayons d'offrir les espaces les plus généreux possible, notamment en ce qui concerne les extérieurs. Dans ce processus complexe, il peut être tentant de reléguer le préau en marge. Il existe pourtant de multiples manières de le concevoir comme un espace polyvalent, appropriable par tous.

Dans tous nos projets, le préau est plus qu'un simple abri. Il est l'espace de transition qui permet la continuité nécessaire entre intérieur et extérieur. Dans les collèges et les lycées, nous veillons à ce qu'il soit dans le prolongement direct du grand hall distributif, en interface entre le bâtiment et la cour de récréation. Dès l'entrée, ce grand volume panoramique, en creux dans le bâtiment, cadre ainsi le paysage et la cour. Dans l'école élémentaire de Bondy, le préau est le passage privilégié des élèves pour se rendre dans la cour. Il est positionné en rotule entre les éléments récréatifs du programme : salle polyvalente, city-stade, ateliers artistiques et cour de récréation. Le placer à l'articulation de ces lieux structurants est souvent l'option la plus efficace pour garantir son utilisation quotidienne.

D'autre part, quand les salles de classe du rez-de-chaussée s'ouvrent directement sur la cour — c'est le cas dans les écoles de Bobigny et de Tremblay-en-France —, une casquette en prolongement du préau principal offre un espace extérieur d'apprentissage complémentaire aux équipes pédagogiques. Protégeant les élèves du soleil et de la pluie, cette extension fait aussi transition entre la cour et certaines salles de classe. Facilement surveillable, aménagé de tables et de bancs, elle permet aux enfants d'évoluer à l'air libre pendant les cours. L'enseignant peut y prévoir des activités salissantes, ou bien scinder ses élèves en deux groupes, dedans/dehors, tout en les gardant dans son champ de vision grâce à une façade largement vitrée.

AD
LP
AA

Le préau peut-il prendre encore davantage d'ampleur ? À l'époque des écoles de type Jules Ferry, c'était plutôt un espace intérieur doté de grandes portes ouvrant sur la cour de récréation. Il servait à la pratique du sport, à certains rassemblements, ses usages étaient multiples. D'un point de vue thermique, ces établissements étaient de véritables passoires, et le préau était souvent chauffé malgré sa relation étroite à l'extérieur. L'école de demain pourrait revisiter ces espaces dans une version non chauffée, toujours à proximité de la cour mais davantage intégrés aux circulations. Le préau serait un espace en plus, sans pour autant être une salle comme une autre. On peut aussi le concevoir à la manière d'un jardin d'hiver, un volume situé à l'interface entre intérieur et extérieur mais protégé du vent, de la pluie. Finalement, il s'agit ici d'appliquer le principe de la pièce en plus, issu du logement, à l'école, comme l'ont déjà fait Lacaton et Vassal à l'École d'architecture de Nantes (2009), le coût d'une paroi froide étant toujours moindre par rapport à une enveloppe isolée.

Entièrement ouvert l'été, plus fermé l'hiver mais translucide afin de profiter du rayonnement solaire, ce préau permettrait de recevoir de nombreuses activités supplémentaires. En l'équipant d'une simple barrière thermique, un coupe-vent amovible, on l'utiliserait dans toutes les conditions climatiques. Attention cependant à ne pas finir par faire disparaître le préau ouvert au profit d'un espace trop intérieur. En effet nos enfants évoluent de plus en plus dans des environnements très contrôlés, et il est bon de conserver des zones de contact avec le vent, la pluie, la nature… Après tout, les élèves ne sont pas en sucre ! À partir du moment où ils sont bien couverts, il n'y a aucune raison pour qu'ils ne prennent pas l'air lors des récréations. D'autant plus qu'en France, nos températures sont assez clémentes pour profiter de l'extérieur sans problème la majeure partie de l'année. En fait, il s'agit ici de trouver le bon équilibre pour que ce préau conserve ses fonctions classiques, tout en permettant à de nouveaux usages d'émerger.

Bobigny, groupe scolaire (2022-2025)

NAVIGUER

97

En offrant du choix dans les ambiances et les manières de s'attabler, on s'éloigne de la « cantoche » bruyante, impersonnelle et surpeuplée, pour retrouver du plaisir autour de la restauration.

OUVRIR LA CANTINE

Bondy, groupe scolaire (2019-2023)

AD
LP
AA

Comment l'espace participe-t-il à faire du déjeuner aussi un temps d'apprentissage ? Le restaurant d'une école est un lieu de pédagogie très important, puisqu'on y forme les enfants au goût, à l'importance d'avoir une alimentation variée et équilibrée, et de consommer des produits de qualité. Dans tous les établissements, les maîtres d'ouvrage sont bien conscients de ces sujets fondamentaux, qui permettront aux élèves de devenir des citoyens responsables. L'apprentissage du tri sélectif, par exemple, est partie intégrante du programme : au moment de débarrasser, les élèves deviennent acteurs et appréhendent ainsi l'ensemble du cycle de la matière, du potager à la cuisine, et jusqu'au compost. Avec ces gestes appris dès le plus jeune âge, ce sont souvent les enfants qui à la maison insistent auprès de leurs parents pour les appliquer !

AD
LP
AA

Quels sont les prérequis d'un restaurant scolaire ? On le positionne toujours à rez-de-chaussée avec un accès direct sur la rue, afin de faciliter les livraisons et l'accès du personnel. Dans l'école, l'idéal est de permettre aux élèves, quel que soit leur âge, de s'y rendre à couvert, abrités de la pluie. En maternelle, l'accès doit même se faire par l'intérieur : il est en effet assez laborieux d'habiller cent ou deux cents enfants qui ont entre 3 et 6 ans pour aller déjeuner. Dans les salles à manger, les plus petits sont servis à table, alors qu'à partir de l'école élémentaire le restaurant peut fonctionner selon une logique de self. Au collège ou au lycée, les adolescents ont la liberté de s'y rendre à l'heure de leur choix pendant toute la durée du service, ce qui multiplie les configurations spatiales possibles.

Il existe plusieurs typologies de cuisines. Aujourd'hui, celles de nos écoles s'apparentent plutôt à des offices de réchauffage, Les plats sont distribués quotidiennement depuis une cuisine centrale. Il existe encore heureusement des établissements qui fonctionnent avec une vraie cuisine, où l'on travaille à partir de produits bruts. C'est le cas dans le projet d'Épinay-sur-Seine, et la Ville en est très fière. D'un point de vue humain, pour l'implication des agents de restauration, c'est un plus. Une cuisine traditionnelle permet aux établissements de retrouver une véritable responsabilité dans le choix de leurs menus et de leurs fournisseurs.

AD
LP
AA

Comment offrir des qualités spatiales à la cantine ? À l'intérieur du réfectoire, on peut différencier les ambiances grâce à l'aménagement et au mobilier. Cette salle est souvent la plus grande de l'établissement, et il nous semble important qu'elle le reste. Sa dimension généreuse est idéale pour y organiser la fête de l'école ou d'autres grands rassemblements. Pour ce faire, il faut que tous les aménagements permettant de manger en petits groupes soient mobiles. Selon le type d'établissement, les élèves ont différents degrés d'autonomie. Au lycée, il n'y a pas de notion de surveillance pendant la cantine, donc il est possible de prévoir des alcôves à l'abri des regards. Dans les écoles maternelles et élémentaires, on essaie plutôt de recréer des petites salles dans la grande. Dans tous les cas, il s'agit de dessiner de vraies séparations, avec de très bonnes qualités acoustiques, permettant de manger dans le calme. En complément, dans les collèges et lycées que nous avons réalisés, nous proposons plusieurs manières de s'installer pour déjeuner. Ceux qui le souhaitent peuvent manger sur des tables hautes avec tabourets, ou même autour d'une table basse. En offrant du choix, on s'éloigne de la « cantoche » bruyante, impersonnelle et surpeuplée, pour finalement retrouver du plaisir autour de la restauration.

 Il est important que les enfants puissent manger au calme, baignés de lumière naturelle, avec des vues sur un extérieur paysagé. Le moment du repas doit constituer une vraie pause méridienne, leur permettant de sortir psychologiquement de l'établissement et, ainsi, de fractionner leurs très longues journées de cours. De tous les espaces scolaires, le restaurant est celui qui s'ouvre le plus facilement sur la ville. On propose de plus en plus des espaces extérieurs équipés de quelques tables, offrant aux enfants la possibilité de déjeuner dehors. L'idéal, quand la parcelle est assez grande, est de dédier une petite cour végétalisée à cet usage. Mais s'il n'y a pas d'autre option, cette terrasse peut aussi trouver sa place dans la cour de récréation. Au collège d'Osny, le restaurant donne sur une belle terrasse qui surplombe la cour de récréation à travers un filtre végétal. Sous nos latitudes, un espace extérieur, pour peu qu'il soit bien orienté et protégé des vents, est utilisable une grande partie de l'année. Et quoi de plus agréable que de déjeuner dehors lorsqu'il fait beau ?

AD
LP
AA

Qu'en est-il des employés de restauration ? Nous sommes très attentifs à montrer leur travail. Ils ont des horaires décalés, travaillant de 6 heures du matin jusqu'au milieu de l'après-midi. Au même titre que les personnels de ménage, leurs métiers sont peu valorisés, alors qu'ils sont chargés de la noble tâche de pré-

parer les repas de nos enfants ! Il nous semble important de rendre visibles les espaces de travail de ces personnes qui cuisinent, nettoient, rangent, afin de sensibiliser les élèves à leur contribution. Si cette transparence est nécessaire entre cuisine et réfectoire, nous militons au même titre pour que les cuisines soient éclairées en lumière naturelle. Cela peut sembler évident, mais à l'heure actuelle les programmes ne l'imposent pas.

Finalement, au-delà de la pause déjeuner, nous aimerions que le personnel de cuisine soit davantage intégré à l'équipe pédagogique. Et c'est notre rôle de favoriser spatialement ces échanges. À Bondy par exemple, nous avons proposé une interface éducative entre la salle de restaurant et l'école, sous la forme d'un atelier culinaire. Il s'agit d'une pièce pouvant être utilisée par les enseignants ou par les animateurs périscolaires, et où la rencontre entre le personnel de cuisine et les enfants est possible. Ils comprennent ainsi mieux les processus en jeu dans la préparation de leurs repas.

AD **LP** **AA** Au sein même de l'école, est-il possible de diversifier les usages de l'espace restauration ? Au lycée de Vincennes, nous avons proposé de scinder le restaurant en deux parties grâce à une cloison vitrée. On y trouve ainsi un self, ouvert uniquement aux heures des repas, où les services s'enchaînent rapidement, et un espace « cafétéria », en accès libre et utilisable sur de plus larges plages horaires. Cette configuration nouvelle permet aussi à ceux qui le souhaitent d'apporter leur propre repas. Grâce à ce double dispositif spatial, tous les élèves peuvent profiter du restaurant à différents moments de la journée, tout en respectant les impératifs d'hygiène. À terme, pour le secondaire, il nous semble même pertinent de nous inspirer des espaces « lounge » des bureaux. À la jonction entre cafétéria et hall, ils se composent de fauteuils confortables disposés autour de tables basses à la manière de petits salons, parfois équipés de zones vitrées pour des réunions en groupe. Aux adolescents de choisir l'espace dans lequel ils se sentent le mieux selon l'heure de la journée, pour déjeuner, faire leurs devoirs en groupe, ou les deux à la fois.

Le métier d'employé de restauration est peu valorisé. Il nous semble important de rendre visibles les espaces de travail de ces personnes qui cuisinent, nettoient, rangent, afin de sensibiliser les élèves à leur contribution.

PARTAGER

109

QUESTIONNER

111

RÊVER

113

Dans un couloir étroit, seuls les déplacements sont prévus, il n'existe aucune possibilité de se regrouper pour discuter entre deux cours.

SOCIALISER
LE COULOIR

Vincennes, lycée international (2021)

AD
LP
AA
Les élèves passent beaucoup de temps dans les couloirs ; en quoi ces espaces ont-ils un rôle à jouer dans leur apprentissage ?
Au-delà de leur fonction première de connexion, les couloirs sont des lieux de rencontre. À partir du collège, les élèves commencent à se déplacer d'une salle à l'autre entre les cours, ils gagnent en autonomie, et ce sont dans les espaces de circulation que se tissent les liens sociaux. L'architecture de ces derniers joue un grand rôle dans l'apprentissage de la vie collective.

Un couloir standard mesure environ 2 mètres de largeur. Pour peu qu'il ne soit pas éclairé naturellement, coincé entre deux classes, il devient parfois une réelle source de frictions. Les circulations reçoivent des flux importants d'élèves sur des temps très courts. Imaginons les trente adolescents d'une classe de collège sortant de deux heures de cours avec un professeur très strict, où ils n'ont pu ni bouger, ni parler, croisant trente autres élèves dans le même état, en retard pour se rendre à leur cours suivant, dans un couloir étroit… Il suffit qu'un seul d'entre eux s'arrête ou ralentisse pour créer un embouteillage, éventuellement un début de conflit. Dans un couloir étroit, seuls les déplacements sont prévus, il n'existe aucune possibilité de se regrouper pour discuter entre deux cours.

AD
LP
AA
Comment éviter cela ? Simplement en dilatant ces espaces de circulation. On abaisse ainsi la pression, le niveau sonore et l'explosivité des interclasses. Élargir les couloirs diminue le risque de rencontres conflictuelles et fluidifie les déplacements. Pour éviter de construire trop de mètres carrés supplémentaires, il est possible de prévoir des élargissements ponctuels, de manière à créer des « soupapes spatiales ». Ces « poches » sont aussi l'occasion d'apporter la lumière naturelle jusqu'au cœur de l'école grâce à des patios ou des connexions à l'extérieur…

En maternelle, un enfant commence tout juste à s'ouvrir aux autres, alors qu'au lycée, il devient adulte. Pour mieux l'accompagner dans son développement, il faut enrichir et nuancer les circulations en fonction de son âge, d'espaces introvertis et rassurants en petite section jusqu'à des dimensions généreuses favorisant les regroupements. Dans les collèges et lycées, nous développons le principe de « rue ouverte » : l'établissement s'organise autour d'un grand vaisseau intérieur en double ou triple hauteur qui dessert l'ensemble des salles. Les circulations fusionnent avec le hall pour former un véritable espace social, où tout le monde se retrouve et se repère. C'est le foyer du collège.

AD
LP
AA

Quel est l'intérêt d'agglomérer les couloirs à cette nef centrale ? Ce procédé nous permet d'offrir des usages à nos circulations, et donc de justifier leur ampleur. Des parents font une réunion improvisée avec un enseignant sur un coin canapé ; un pôle équipé de tables hautes offre la possibilité de travailler entre deux cours ; une zone casier avec des poufs devient pour les élèves un lieu d'appropriation. Il s'agit de proposer des espaces multi-usage au sein même des circulations. En mutualisant couloirs et hall, on offre à ces deux éléments structurants de l'école une générosité spatiale. D'ailleurs, pour l'école maternelle et élémentaire de Tremblay-en-France, dont les ambitions en matière d'innovation pédagogique sont très élevées, le programme précisait d'emblée que les circulations pouvaient avoir des fonctions annexes, à nous de les imaginer !

Au collège-lycée Camille-Sée à Paris (François Le Cœur arch., 1930), les circulations sont si vastes qu'à chaque étage, leur surface est supérieure à celle des salles de classe ! Un tel projet, pour des raisons à la fois économiques et écologiques, est aujourd'hui impensable. Cependant, par les usages que de tels couloirs permettent, il reste très inspirant. Si on le transpose en 2030 en conservant ses généreuses dimensions, les galeries ne seront plus des espaces chauffés mais bénéficieront d'une bonne exposition solaire et de dispositifs de ventilation naturelle, les cloisons des salles de classe s'épaissiront de façon à augmenter l'inertie des intérieurs chauffés… Si l'on est accompagné d'un bon bureau d'étude thermique, il y a matière à concevoir !

AD
LP
AA

La question du chauffage est-elle importante ? Oui. Souvent, lorsqu'un projet s'affiche comme « différent », c'est qu'il remet fondamentalement en question ses circulations. La logique de tout groupe scolaire découle d'une norme de confort : il faut pouvoir se déplacer dans l'ensemble de l'établissement à travers des espaces chauffés. Alliée à la nécessité de compacité, de rentabilité spatiale, cette norme induit une certaine géométrie qui ne laisse aucune place aux interactions sociales. Mais ça n'a pas toujours été ainsi ! Dans certaines écoles, notamment dans celles de type Jules Ferry, les couloirs prennent la forme de coursives ouvertes. Collégiens et lycéens circulent d'une salle à l'autre en passant par des espaces non chauffés, et ils s'en portent bien. Par contre, ce type de circulations ne convient pas à une école maternelle, où les enfants ne sont pas encore autonomes pour enfiler leurs manteaux : il est impos-

sible pour l'équipe de tous les habiller, puis les déshabiller un par un pour les emmener à la cantine par exemple !

Lorsqu'on commence à envisager l'ensemble des salles de l'école reliées par des espaces non chauffés, on imagine des classes aux formes non standard, groupées par deux ou trois… On se libère de l'orthogonalité, à l'image des expériences d'écoles de plein air dans les années 1950, ou d'écoles proliférantes comme celle des Plants à Cergy-Pontoise (Jean Renaudie arch.) dans les années 1970, et on enrichit les possibles. L'architecture hygiéniste de l'école de plein air de Suresnes (Eugène Beaudouin et Marcel Lods arch., 1935), dont les salles de classe s'ouvrent sur le parc au moyen de grandes cloisons en accordéon, reste aussi une référence incontournable. Ce rapport direct à l'extérieur, à la lumière et à la nature est vraiment l'idéal vers lequel nous souhaitons aujourd'hui tendre pour nos enfants, la compacité en plus.

AD Comment faire accepter des couloirs ouverts aux usagers et aux maîtres d'ouvrage ? N'est-ce pas une concession trop difficile ?

LP
AA Non chauffé ne signifie pas pour autant à l'air libre, sous la pluie ! Il faut trouver un juste milieu entre confort douillet et inconfort. Il s'agit en quelque sorte d'allier sobriété énergétique et générosité spatiale. Tous les maîtres d'ouvrage de France ne sont sûrement pas prêts à adhérer pleinement à cette solution, mais elle fait son chemin. On a par exemple récemment beaucoup parlé d'une école située dans le 12e arrondissement de Paris (Joly&Loiret arch., 2024), où les exigences très élevées de la maîtrise d'ouvrage en matière de réduction des consommations d'énergie ont pu être respectées en grande partie grâce au choix de circulations en coursives extérieures. Bien intégrées et protégées, elles deviennent un espace complémentaire dédié à la pédagogie une partie de l'année. Elles entraînent aussi des contraintes, qu'il faut être en mesure d'anticiper pour que les usagers n'aient pas l'impression de subir l'architecture des lieux. Dans certaines classes, on peut imaginer à l'entrée une zone de vestiaire permettant de se déchausser et d'ôter son manteau au chaud par exemple. Quoi qu'il arrive, il faut toujours accompagner, expliquer ces choix de conception pour qu'ils soient bien acceptés et utilisés au maximum de leur potentiel.

À l'image des expériences d'écoles de plein air des années 1950, le rapport direct à l'extérieur, à la lumière et à la nature est vraiment l'idéal vers lequel nous souhaitons aujourd'hui tendre pour nos enfants, la compacité en plus.

TÂTONNER

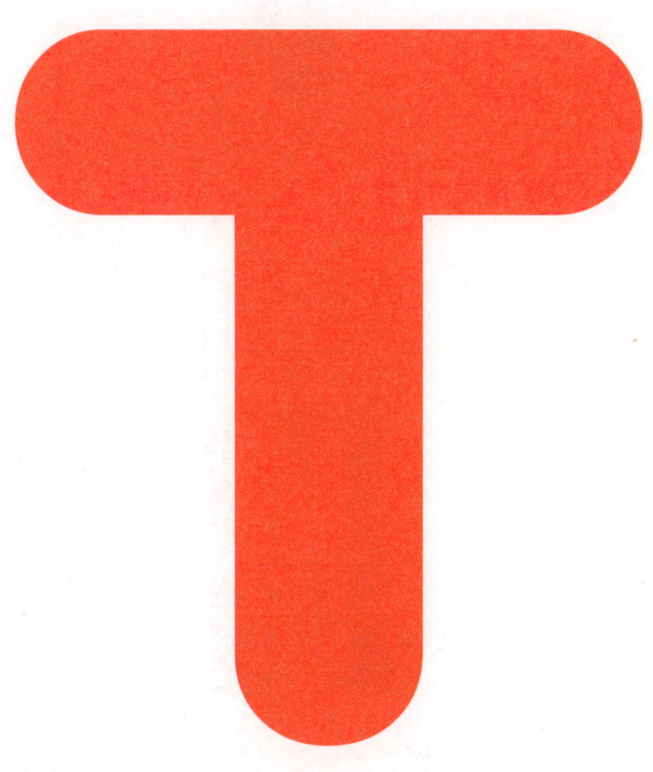

125

UNIR

En France, quel que soit leur âge, les élèves passent la majeure partie de leur scolarité assis en classe, alors qu'on connaît tous les bienfaits de l'activité physique sur leur développement !

**VALORISER
LE SPORT**

129

AD
LP
AA

Quelle est la place du sport à l'école ? En France, elle est clairement trop secondaire. Quel que soit l'âge des élèves, la pratique sportive n'occupe que quelques heures de leur emploi du temps chaque semaine. Ils passent ainsi la majeure partie de leur scolarité assis en classe, alors qu'on connaît tous les bienfaits de l'activité physique sur leur développement ! Il faudrait plutôt tendre vers une pédagogie à l'anglo-saxonne, avec des cours rassemblés en matinée et des après-midi entièrement consacrés à l'éducation physique, mais nous en sommes encore loin. Dans l'optique d'augmenter la part du sport à l'école, nous souhaitons, quand c'est possible, intégrer au maximum les équipements qui s'y rattachent à l'architecture.

Dans les zones urbaines denses, le sport peut se dérouler dans la cour, sous le préau ou même dans la salle polyvalente. En maternelle, l'activité physique s'effectue souvent dans la salle de motricité, plus grande qu'une classe traditionnelle. À partir de l'élémentaire, les élèves sont parfois amenés à utiliser un gymnase municipal, mais c'est plus souvent dans les nouveaux programmes de construction de collèges et de lycées qu'ils sont réellement demandés.

Face à ce constat et en attendant une revalorisation réelle de la place du sport dans les programmes pédagogiques, nous nous devons de tirer parti de toutes les occasions possibles pour intégrer les pratiques sportives et ludiques dans le maximum d'espaces de l'école. Ainsi, un hall en double hauteur peut être équipé, en complément de l'escalier, d'un mini-mur d'escalade ; les circulations peuvent accueillir des couloirs de course ; la cour de récréation peut intégrer, comme dans le projet de lycée à Vincennes, des modules de musculation et d'entraînement.

À Clamart, nous avons conçu en une seule opération un important complexe sportif et un campus scolaire réunissant deux écoles maternelles et deux écoles élémentaires. Ces deux programmes se font face de part et d'autre d'une allée piétonne reliant la cité voisine des années 1960 à un quartier pavillonnaire. La maîtrise d'ouvrage souhaitait un simple terrain de jeux pour les enfants du quartier, mais nous nous sommes saisis de la problématique du sport dans la ville pour enrichir le projet. L'équipement, outre un dojo, un grand gymnase et un terrain de tennis dont les entrées sont contrôlées, propose aussi un city-stade à ciel ouvert. Directement accessible depuis la rue, il fait l'articulation entre le complexe sportif et le campus scolaire, et constitue clairement une invitation au mouvement pour les élèves de ce dernier. C'est une offre supplémentaire, un bonus qui, nous en sommes convaincus, jouera un rôle de catalyseur à l'échelle du quartier.

AD
LP
AA

Le city-stade est-il vraiment un équipement scolaire ? Oui ! L'idéal étant, comme nous l'avons fait à Bondy, de l'installer à l'interface entre la ville et la cour de récréation. Ce positionnement nouveau résout plusieurs problématiques. Lorsque l'école est ouverte, le city-stade est fermé au public et les élèves peuvent jouer dans la cour jardin ou sur le terrain de sport. Si la cour d'une école est un simple rectangle bitumineux, occupé presque exclusivement par les jeux de ballon des garçons, une partie des élèves n'a d'autre choix que d'être réduit au statut d'observateur, en périphérie. Par contre, en externalisant le terrain de sport, on permet à la cour d'être réellement mixte. Les excités, les calmes, les sociaux, les timides ont désormais le choix de l'endroit où ils seront le plus à l'aise pour passer la récréation. En dehors des horaires scolaires, le city-stade est à la disposition des habitants du quartier, sans pour autant donner accès à la cour. On obtient ainsi différents degrés d'ouverture entre l'école et la ville, propices à optimiser et multiplier les usages.

WIFISER

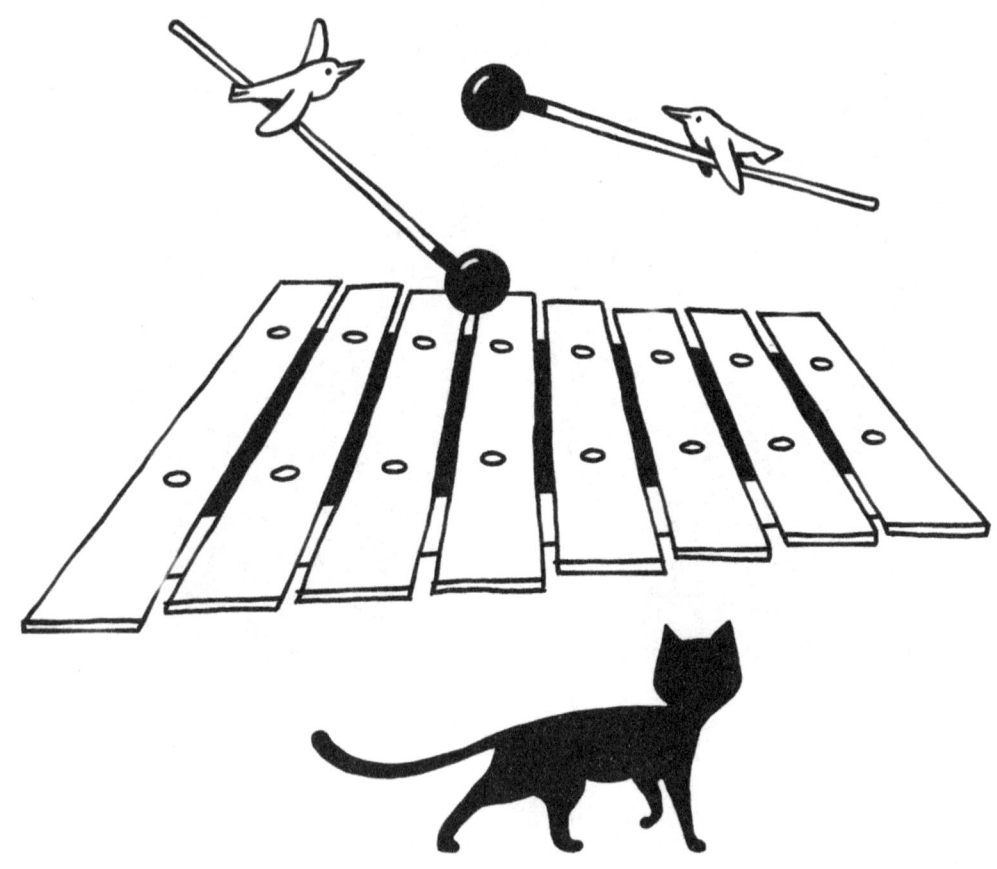

XYLOPHONER

YOYOTER

141

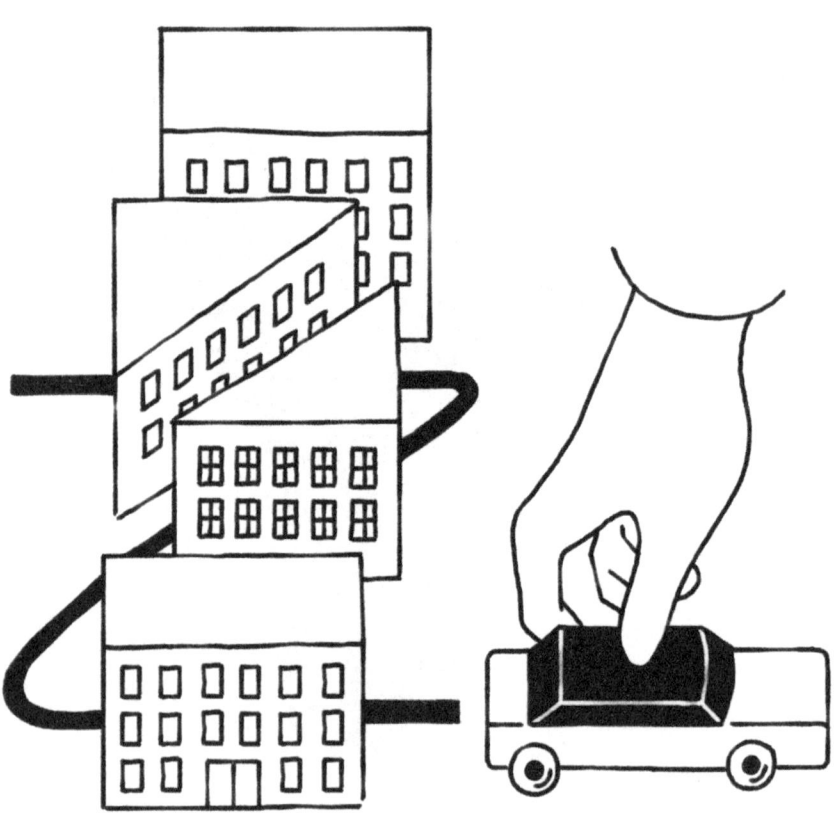

ZIGZAGUER

143

P. 24
**Tremblay-en-France,
groupe scolaire (2022-2025)**

P. 30
**Osny, collège
(2021-2024)**

P. 40
**Créteil, collège
(2005-2008)**

P. 44
**Clamart, campus scolaire /
complexe sportif (2012-2016)**

P. 52
**Cergy, collège /
gymnase (2018-2022)**

P. 56
**Tremblay-en-France,
groupe scolaire (2022-2025)**

P. 68
**Chevilly-Larue,
groupe scolaire (2020)**

P. 74
**Vincennes,
lycée international (2021)**

P. 90
**Osny, collège
(2021-2024)**

P. 94
**Bobigny, groupe scolaire
(2022-2025)**

P. 100
**Bondy, groupe scolaire
(2019-2023)**

P. 104
**Longjumeau, lycée
(2014-2020)**

P. 116
**Vincennes,
lycée international (2021)**

P. 120
**Bondy, groupe scolaire
(2019-2023)**

P. 130
**Colombes, collège
(2008-2012)**

P. 134
**Clamart, campus scolaire /
complexe sportif (2012-2016)**

Le Penhuel & Associés

Depuis près de trente ans, l'agence Le Penhuel & Associés pratique l'architecture sous l'angle de la pluridisciplinarité et de la curiosité. Regroupant une vingtaine de collaborateurs, l'agence affectionne particulièrement les opérations hybrides mêlant logements, équipements, activités, commerces, bureaux afin de créer une ville généreuse, partagée et inclusive.

Elle a notamment réalisé les lots O1-O3 de la ZAC Clichy-Batignolles, à Paris 17e. Elle participe à la réalisation du Village des athlètes à Saint-Denis et à L'Île-Saint-Denis (lots A2 et PB7). Elle est responsable de la réhabilitation et de l'extension des anciens garages Renault rue Amelot, à Paris 11e, dans le cadre de « Réinventer Paris 2 ».

L'agence se questionne sans cesse sur l'évolution des lieux d'enseignement, qu'elle pratique depuis de nombreuses années. Cette expérience lui a permis d'acquérir une véritable expertise dans leur conception, de la crèche au lycée en passant par les écoles primaires et les collèges.

L'agence Le Penhuel & Associés souhaite aujourd'hui partager son expérience et ses convictions avec le plus grand nombre à travers cet ouvrage hybride, qui propose une analyse des espaces contemporains dédiés à l'enseignement pour mieux imaginer l'architecture des écoles de demain. Ce livre s'adresse aux usagers, petits et grands, mais aussi aux maîtres d'ouvrage et aux concepteurs.

Philippe Meirieu

Philippe Meirieu a été instituteur, professeur de collège et de lycée, professeur de lycée professionnel et d'université. Chercheur et militant en pédagogie, il a d'abord orienté ses recherches sur les méthodes d'apprentissage et sur la question de l'éthique dans l'éducation. Il a également travaillé sur l'histoire des doctrines pédagogiques et leur impact sur les systèmes éducatifs. Il a exercé diverses responsabilités dans l'Éducation nationale – directeur de l'Institut national de recherche pédagogique et de l'Institut universitaire de formation des maîtres de l'académie de Lyon – mais aussi dans le champ politique : vice-président de la Région Rhône-Alpes délégué à la Formation tout au long de la vie. Il est aujourd'hui président d'un mouvement d'éducation populaire (les CEMEA). Il a publié de nombreux ouvrages, traduits dans plusieurs langues. Le dernier paru est *Qui veut encore des professeurs ?* (Seuil, 2023).

Quentin Vijoux

Illustrateur français basé à Amsterdam, Quentin Vijoux est diplômé des écoles d'art Duperré et Estienne à Paris. Il travaille depuis plus de dix ans pour différentes agences de communication et institutions culturelles, mais aussi pour la presse internationale. Il a publié plusieurs livres jeunesse et mène en parallèle des projets autour du jeu vidéo.

Alice Dubet

Architecte de formation, Alice Dubet est diplômée de l'École nationale supérieure d'architecture Paris-Malaquais (2013). Elle a été journaliste pour différentes revues (*AMC, Le Moniteur, L'Architecture d'aujourd'hui*) et a collaboré en tant que coordinatrice éditoriale et auteure à la réalisation de plusieurs ouvrages spécialisés.

Remerciements

Nous remercions tout particulièrement Building Paris, Quentin Vijoux et Alice Dubet avec qui nous avons pris énormément de plaisir à réaliser cet ouvrage ; Philippe Meirieu pour son temps précieux et sa vision éclairée ; Gianluca et Gianmarco Gamberini de L'Artiere pour leurs conseils et leur attention à la qualité d'impression ; Sophie Lepolard, enseignante, pour son expérience et sa vision engagée ; toute l'équipe de l'agence Le Penhuel & Associés pour son engagement quotidien dans la qualité de réflexion et de réalisation de nos équipements pédagogiques, et en particulier les architectes associés : Alexandra Faucheux, Corina Laza, Warren Lepolard, João Saleiro, Pierre Soumagnac et Bruno Vaas.

Nous remercions aussi tous les maîtres d'ouvrage avec qui nous avons eu le plaisir de collaborer dans une recherche constante de l'intérêt des usagers, en particulier les villes de Bondy, Bobigny, Clamart, Clichy-la-Garenne, Pierrefitte, Tremblay-en-France ; les départements des Hauts-de-Seine, du Morbihan, du Val-de-Marne et du Val-d'Oise ; enfin, la Région Île-de-France. Nous remercions toutes les équipes pédagogiques et les enseignants qui s'occupent au quotidien d'accompagner l'épanouissement de nos enfants.

Colophon

Conception éditoriale
Gaëtan le Penhuel,
Warren Lepolard,
Alice Dubet,
Camille Prandi,
Building Paris

**Direction artistique
et conception graphique**
Building Paris
(Benoît Santiard,
Guillaume Grall,
Loïc Altaber)

Relecture
Raphaëlle Roux

**Caractères
typographiques**
Karl (Source Type,
Laurenz Brunner, 2022)
Times Ten (Linotype,
Stanley Morison, 1931)

Papier
Munken Print White 90g

Pantones
Violet 525 + Rose 177

Impression
Labanti e Nanni,
Bologne, Italie

© 2024 Le Penhuel
& Associés architectes
et Park Books AG, Zurich

© pour les textes :
les auteurs
© pour les illustrations :
Quentin Vijoux

Park Books
Niederdorfstrasse 54
8001 Zurich, Suisse
www.park-books.ch

La maison d'édition
Park Books bénéficie
d'un soutien structurel
de l'Office fédéral
de la culture pour
les années 2021-2024.

Toute reproduction,
représentation,
traduction ou adaptation
d'un extrait quelconque
de ce livre et de ses
illustrations par quelque
procédé que ce soit
est réservée pour
tous les pays.
ISBN 978-3-03860-348-1
Édition anglaise :
ISBN 978-3-03860-347-4